개척,
내가 먼저 걸어본 그 길

개척,
내가 먼저 걸어본 그 길

ⓒ 최순환, 2025

초판 1쇄 발행 2025년 6월 25일

지은이	최순환
이메일	gksean@gmail.com
펴낸이	이기봉
편집	좋은땅 편집팀
펴낸곳	도서출판 좋은땅
주소	서울특별시 마포구 양화로12길 26 지월드빌딩 (서교동 395-7)
전화	02)374-8616~7
팩스	02)374-8614
이메일	gworldbook@naver.com
홈페이지	www.g-world.co.kr

ISBN 979-11-388-4419-2 (03230)

- 가격은 뒤표지에 있습니다.
- 이 책은 저작권법에 의하여 보호를 받는 저작물이므로 무단 전재와 복제를 금합니다.
- 파본은 구입하신 서점에서 교환해 드립니다.

개척,
내가 먼저 걸어본 그 길

현장에서 써 내려간 살아 있는 개척 매뉴얼

최순환 지음

현장에서 먼저 걸어본 사람만이
줄 수 있는 지도. 이 책을 펼치는
당신은 결코 혼자가 아닙니다.

개척을 준비하는 사람, 개척을 해야만 하는 사람, 개척
외에 선택지가 없는 이들에게 이 책은 가장 구체적이고
실질적인 길잡이가 되어줄 것입니다.

좋은땅

서문
개척, 이제는 더 이상 피할 수 없다

저는 2017년, 미국 로스앤젤레스에서 교회를 개척했습니다. 흔히들 이를 두고 '맨땅에 헤딩'이라 표현하지만, 솔직히 그 표현은 너무 낭만적입니다.

개척이라는 것은 차라리, 잘 알지도 못하는 주식 종목에 전 재산을 몰빵했다가 다음 날 하한가를 맞는 기분에 더 가깝습니다. 물론, 이 표현은 유머로 받아들여주시기 바랍니다.

로스앤젤레스는 미국 사회, 이민 문화, 그리고 한인 교회가 복잡하게 교차하는 독특한 도시입니다. 그 안에서 지난 8년간 '개척교회'로 시작하여, 지금도 여전히 '개척교회'라는 이름표를 떼지 못한 채 분투하고 있습니다. 언제쯤 '개척교회'라는 이름표를 졸업할 수 있을지 저도 궁금합니다.

가끔은 이런 생각이 듭니다.
"무에서 유를 창조한 이야기는 사람들의 주목을 받기 마련인데, 무에서 여전히 무인 스토리가 과연 무슨 의미가 있을까?"
그러나 저는 이렇게 말하고 싶습니다. 지금 우리 시대는 "어떻게 성공할 수 있는가?"보다, "어떻게 실패하지 않을 수 있는가?", "어떻게 버틸 수 있는가?"에 더 관심을 가져야 할 때입니다.

강해서 오래가는 교회가 아니라, 오래가서 강해지는 교회. 이것이야말로 지금 시대에 필요한 교회의 모습이라고 저는 믿습니다.

이 글은 단지 LA에서의 개척 이야기로 국한되지 않습니다. 이민자들이 모여 사는 미국 전역, 그리고 전 세계 어디든, 심지어 서울 한복판이라 하더라도 한인 공동체가 존재하는 곳에서 교회를 세우려는 이들에게 실제적인 통찰을 줄 수 있다고 믿습니다. 그래서 저는 이 책에서 제 나름의 개척의 원리들을 최대한 정리해 보았습니다.

'개척 8년'이라는 짧다고 생각하면 짧고, 길다고 생각하면 길 수 있는 시간이지만, 그럼에도 부족한 제 경험이 개척을 준비하거나, 개척을 이미 시작했으나 흔들리고 있는 이들에게 작은 위로와 실제적인 지침이 되기를 소망하며, 이 글을 시작합니다.

개척, 꼭 해야 하나요?

본격적인 이야기를 시작하기에 앞서, 반드시 던져야 할 질문이 하나 있습니다.
"개척, 정말 꼭 해야 할까요?"

저는 2005년, 총신대학교 신학대학원에 입학했습니다. 신학생 시절, 여러 목회자들과 교제하고, 매주 채플 시간에는 널리 알려진 목회자들의 설교를 들으며 미래의 교회를 그려보곤 했습니다. 당시 저 자신에게 굳게 결심했던 한 가지가 있었습니다.

"절대 개척은 하지 말자."

그래서 "나는 졸업하면 개척할 거야"라고 말하던 동기나 선배들을 일부러 피했습니다. 그 결심이 괜히 저에게도 옮겨올까 두려웠기 때문입니다.

또, 아파트 상가에서 개척을 하거나 시골에서 목회하시는 분들의 초청설교도 한 귀로 듣고 흘려버리곤 했습니다. 그런데 정의와 공의를 행하시는 하나님께서는 저를 결국 미국 LA의 척박한 땅에 개척교회 목회자로 부르셨습니다. 그때 즐겨 들었으면 결과가 바뀌지 않을까 싶습니다.

불과 몇 년 전까지만 해도, 저를 찾아와 개척에 대해 상담하려는 목회자들이 있으면 저는 뜯어말렸습니다.

"절대 그런 생각 갖지 말아라."
"이 제목을 놓고는 기도도 하지 말아라."
"고생한다, 힘들다, 후회한다."

앞서 말씀드린 것처럼, 개척은 잘 알지도 못하는 주식 종목에 전 재산을 몰빵했다가 다음 날 하한가를 맞는 상황과 비슷할 수 있기 때문입니다.

그래서 저는 "더럽고 치사해도, 웬만하면 지금 섬기고 있는 교회에서 죽으라면 죽고, 까라면 까라는 대로 따르며 성실하게 사역하라"고 조언했습니다.

드라마 '미생'의 명대사인 "회사 밖은 지옥이야"라는 말을 빌려 "교회 밖은 지옥이야"라고 경고하기도 했습니다. 지금 생각해 보면 "지옥"은 좀 그렇네요. 그래도 우리가 천국 소망하는 사람들인데요. 은유적으로 그렇다 이 말입니다.

하지만 최근 들어 저의 생각이 달라졌습니다. 시대가 바뀌었기 때문입니다. 이제는 목회자들이 교회 울타리 안으로 몸을 피하는 것이 능사가 아닌 시대가 되었습니다. 죄송한 이야기지만, 그 안에는 더 이상 목회자의 미래가 없기 때문입니다.

우리는 자주 착각합니다.
농구공을 잡으면 마이클 조던이 될 수 있을 것 같고,
축구공을 잡으면 손흥민 선수가 될 수 있을 것 같고,
야구공을 쥐면 오타니 쇼헤이가 떠오릅니다.

마찬가지로, 큰 교회 안에서 목회를 하다 보면, 나도 언젠가 큰 교회의 담임이 될 거라는 환상을 품습니다. 하지만 그렇게 되는 사람은 극히 드물며, 꼭 그렇게 되어야 할 이유와 필요도 없습니다.

목회 환경은 빠르게 변화하고 있습니다. 이제는 목회자들이 교회개척을 보다 긍정적으로 고민해야 할 때입니다. 예전처럼, 나이 많은 부목사가 수많은 교회 청빙에서 번번이 고배를 마신 끝에, 절망에 빠져 눈물을 흘리며 사다리 타고 천장에 올라가 십자가를 달고 교회를 여는 시대가 아닙니다.

마치 유능한 사람들이 대기업의 연봉을 내려놓고 자신만의 스타트업을 시작하듯, 젊고 신실하고 유능한 목회자들이 자신이 가진 은사와 비전을 바탕으로 작지만 독창적인 교회를 세워야 하는 시대입니다.

교회개척은 이제, 선택지 중 하나가 아니라 대부분의 목회자들이 필수적으로 고려해야 할 현실적인 사역의 길이 되었습니다. 이제 긍정적으로 생각하시면 좋겠습니다.

교회는 사라지고 있다? 갈 곳이 없습니다!

미국 로스앤젤레스(LA)에 위치한 재미한인기독선교재단(KCMUSA)의 조사에 따르면, 2019년 미국 전역에는 3,514개의 한인 교회가 있었지만, 2021년에는 2,789개로 줄어들었습니다. 2년 만에 무려 658개의 한인 교회가 문을 닫은 것입니다. 그중 다수는 LA와 뉴욕 인근 지역에 집중되어 있습니다.

이러한 감소는 팬데믹(Pandemic)의 영향이라고 해석되곤 합니다. 그러나 저는 팬데믹은 단지 '방아쇠(Trigger)'였을 뿐이라 생각합니다. 이미 팬데믹 이전부터 미주 한인 교계는 서서히 감소 추세에 있었으며, 팬데믹은 그 속도를 앞당긴 계기에 불과하기 때문입니다.

우리는 종종 제로섬 게임(Zero-sum game)이라는 개념을 떠올립니다. 누군가가 1을 얻으려면, 누군가는 1을 잃어야 하는 구조입니다. 경쟁 시대에 윈-윈(Win-Win)은 없습니다.

팬데믹을 기점으로, 많은 교회가 문을 닫았습니다. 소형 교회들이 사라졌고, 그 교회에 모여 있던 성도들은 중대형 교회로 이동했습니다.

슬프지만 앞서 언급한 658개 교회가 사라졌다는 통계는 매우 보수적인 수치라고 생각합니다. 현장에서 체감하는 수치는 훨씬 더 큽니다.

일단 통계에 따라 계산해 보겠습니다. 한 교회에 평균 20명(목회자 포함)의 교인이 있었다면, 658개 교회가 사라진 결과 약 13,160명 이상의 성도가 이동했을 것입니다. 30명이라면 19,740명, 약 2만 명입니다.

이들은 지역 내 중대형 교회로 자연스럽게 흡수되었고, 그로 인해 중대형 교회는 팬데믹 기간에 오히려 성장세를 경험했습니다.

실제로 LA의 한 대형 교회는 기존에는 연 2회 하던 새가족 환영회를 팬데믹 기간 중 6회 이상 개최하기도 했습니다. 팬데믹 때도 성장했다고 인터뷰하지만, 과연 그게 성장일까요?

백번 양보해서, 신앙 공동체가 어디든지 계속 유지된다면 분명 감사한 일입니다. 그러나 문제는 목회자들입니다. 교회는 사라졌지만, 목회자는 사라지지 않습니다.

목회자는 어디로 가야 할까요?

중대형 교회의 부교역자로 들어가기에는 이미 나이가 찼고, 경쟁도 치열합니다. 다 내려놓고 조용히 예배드리려 가까운 교회에 참석하면, 그 교회 담임목사가 불편해합니다.

또 목회자인 신분을 숨기고 예배에 참석하게 되지만, 교인들과도 어색한 상황이 반복됩니다. 처음에는 환영하지만, 나중에 목사라는 사실이 알려지면 서로 불편해지는 경우가 많습니다. 이와 같은 사례는 정말 셀 수 없을 만큼 많고, 이 글을 읽는 목회자들은 깊이 공감하실 것입니다.

다른 선상에서 중대형 교회 목회자들도 문제는 마찬가지입니다. 그들 역시 단독 목회를 기대하지만, 현실적으로 갈 수 있는 교회 숫자 자체가 줄어들고 있습니다.

더욱이 현직 담임목사들은 은퇴를 미루려는 경향이 강합니다. 이미 몇몇 교단은 은퇴 연령 규정을 폐지했고, 주요 교단들도 은퇴 연령 상향을 추진 중입니다. 미국의 일부 교단은 아예 은퇴 규정이 없습니다. 이처럼 교회는 고령화되어 가고, 교회 재정은 점점 어려워지고 있습니다.

수요와 공급의 법칙으로 보더라도, 담임목사 청빙은 여전히 '하늘의 별 따기'입니다. 지금의 흐름이 지속된다면, 앞으로 20년 이상은 그 현실이 바뀌지 않을 수도 있습니다.

요즘에는 신학생 지원자 수가 줄어드는 현상이 나타나고 있습니다. 시간이 지나면 목회자 수 자체는 줄어들겠지만, 은퇴 시점이 늦춰지면서 청빙의 문은 여전히 좁을 가능성이 큽니다.

또한 교회가 목회자의 생활을 감당할 재정적 여력이 점점 줄어들고 있어, 대형 교회를 제외한 대부분의 담임목사는 불안정한 현실에 직면하게 될 것입니다.

요약하자면 이렇습니다. 교회는 줄어들고 있고, 목회자는 줄어들고 있지 않습니다. 그렇다면 수급불균형으로 사역할 수 없는 목회자들은 어디로 가야 할까요? 대안은 무엇일까요? 결국, 좋든 싫든 교회개척이 효과적인 대안으로 남게 됩니다.

한국에서 정년 퇴직한 분들이 가장 많이 창업하는 업종이 치킨집이라는 이야기를 들어보셨을 것입니다. 저의 지인은 대기업에서 오랜 시간 부장으로 근무하다가, '기름 냄새는 싫다'며 당구장을 열었습니다. 대부분은 그렇게 자영업이라는 세계에 들어가게 됩니다. 그러나 자영업도 녹록하지 않습니다.

매년 시작되는 자영업의 숫자만큼, 비슷한 수의 자영업이 문을 닫습니다. 최근에는 폐업이 창업을 앞지르고 있다는 통계도 자주 접하게 됩니다. 상업용 건물이 텅텅 비고 있습니다.

개척도 마찬가지입니다. 시작한다고 다 잘되는 것이 아닙니다. 성공 확률은 높지 않습니다. 그럼에도 불구하고, 교회개척에는 두 가지 분명한 명분이 있습니다.

첫째, 하나님이 기뻐하시는 일입니다. 둘째, 하나님이 인도하시는 좁은 길입니다. 그렇다면, 실패할 수도 있지만, 그래도 도전해볼 만한 가치가 있지 않겠습니까?

하나님께서 우리를 목회자로 부르셨고, 목회자로 살기를 소망하며, 그렇게 결단했다면 지금 우리의 선택지 가운데 교회개척이 남아 있어야 합니다.

진입장벽도 높지 않습니다. 한국이나 미국 모두, 신학대학원을 졸업하고 목사 안수를 받았다면, 누구든 담임목사가 될 자격이 있습니다.
유학을 다녀오지 않아도 되고, 큰 교회 경험이 없어도 괜찮습니다. 하나님을 사랑하는 열정, 영혼을 향한 애정, 그리고 한번 해보겠다는 의지가 있다면, 누구나 이 길을 선택할 수 있습니다. 도전하십시오.

이 책의 목적

건방지게 들릴 수도 있겠습니다만, 제가 개척을 시작한 이후로는 최대한 가지 않는 모임이 있습니다. 바로, 소형 교회를 위한 세미나, 작은 교회를 위한 집회라고 해놓고, 대형 교회 목사님들을 강사로 하는 모임들입니다. 주최하는 분들의 선한 의도는 충분히 이해하나, 정말 가고 싶지 않습니다.

"당신이 안 와봐서 그렇지", "우리 세미나 얼마나 유익한데?"라고 하실 수도 있습니다. 그 말씀, 충분히 이해합니다. 저도 개척 전에는 그렇게 생각했고, 실제로 다 가봤습니다.

부교역자 시절에도, 유학 시절에도, 교회 성장과 관련된 여러 세미나와

컨퍼런스, 훈련을 찾아다녔습니다. 참고로 저는 미국 풀러신학교(Fuller Theological Seminary)에서 교회 성장(Church Growth)에 관한 주제로 박사 논문(D. Min)을 썼습니다. 그러니 한국에서 열리는 세미나는 물론, 한국 목회자들이 미국에 와서 여는 집회, 또 미국 목회자들이 현지에서 진행하는 훈련 프로그램까지 두루 경험해봤습니다.

하지만 막상 교회를 개척해보니, 그 모든 내용이 실제 현장에서는 쉽게 적용되지 않았습니다. 왜일까요? '컨텍스트(Context)'가 다르기 때문입니다.

요즘 한국에서 가장 큰 교회는 어디입니까? 여전히 여의도순복음교회인가요? 그렇다면 그 교회의 성장 전략이 과연 전 세계에 동일하게 적용될 수 있을까요? 죄송하지만 아닙니다.

미국에서 규모가 가장 크고 영향력 있는 교회 중 하나는 새들백교회(Saddleback Church)입니다. 그들의 성장 원리가 과연 지금 이 시대 작은 교회의 모델이 될 수 있을까요?

저는 불가능하다고 생각합니다. 우리는 릭 워렌(Rick Warren)이 아니고, 1990년대를 살고 있는 것도 아니며, 미국 남침례교 소속도 아닙니다. 컨텍스트가 다른데, 똑같은 전략으로 효과를 발휘하기란 어렵습니다.

그런데 참 흥미로운 경험이 하나 있습니다. 비슷한 현실과 유사한 배경에 있는 목회자들과 커피 한잔을 나누며 대화할 때, 저는 훨씬 더 많은 것을 배우곤 합니다.

재정이 어렵고, 성도 한 명에 울고 웃는 바로 그 단계에 있는 목회자들과의 대화에서 망치로 머리를 맞는 듯한 뼈아픈 통찰을 얻을 때가 있습니다. 세미나에 100불, 200불을 내고 얻는 지식보다 더 실제적이고, 더 피부에 와닿습니다. 왜냐하면 컨텍스트가 비슷하기 때문입니다.

이 책도 그런 마음으로 썼습니다.

앞서 말씀드린 것처럼, 부끄럽지만 저는 개척한 지 8년이 지났지만 여전히 개척교회의 딱지를 떼지 못한 목사입니다. 여전히 저희 교회는 자립하지 못해서 밤잠을 못 자고, 새가족이 오지 않아 속이 타는 목사입니다. 재정 걱정에 다음 주, 다음 달, 내년이 늘 불안한 목사입니다. 그런 저와 커피 한잔 나누며, 이런저런 목회 이야기를 한다고 상상하며 이 책을 읽어주셨으면 합니다.

어쩌면, 이 책의 내용은 이미 다 아시는 것일 수도 있습니다. 읽다 보시면 저의 생각에 동의하지 않는 내용이 있으실 수도 있습니다. 그러나 어쩌면, 이 책 속에서 새로운 통찰을 발견하실 수도 있고, 어딘가 막혀 있던 길이 보이기 시작할 수도 있습니다.

결과는 주님께 맡기겠습니다. 저는 이 책을 통한 대화를 통해, 여러분이 더 가진 원리를 더 날카롭게 하고, 더 단단한 자신감을 갖고 교회개척과 목양을 시작하시기를 돕고 싶습니다.

이 책이 여러분에게 완전한 정답은 아닐 수 있겠지만, 하나의 모델로서,

하나의 전략으로서, 작은 도움이 되기를 소망합니다.

이 책에서 다루는 것

이 책에서는 특별히 신학교에서 가르쳐주지 않는 내용에 집중했습니다. 신학교를 비하하는 것이 아닙니다. 제가 어찌 신학교의 훌륭한 교수님들을 따라갈 수가 있겠습니까? 이미 신학교에서는 훌륭한 교수님들께서 중요한 이론과 교리를 잘 가르치고 계십니다. 그렇기에 저는 굳이 신학교 강의 내용을 반복하거나, 이론을 정리할 필요는 없다고 생각했습니다.

대신, 신학교에서는 잘 다루지 않는 현실적인 이야기들, 실제 목회 현장에서 마주치는 문제들, 미리 알지 못하면 당황하고 실수할 수 있는 부분들, 그리고 시행착오 속에서 터득하게 되는 실제적인 원리들을 나누고자 했습니다.

이 책은 단지 원칙이나 이상을 말하는 책이 아닙니다. 개척 현장에서 부딪히고, 고민하고, 좌절하고, 다시 일어서며 얻은 8년간의 경험과 노하우를 담았습니다.

마음껏 사용하셔도 좋습니다. 제가 겪은 모든 시행착오, 배움, 교훈은 제 것이 아닙니다. 주님께서 주신 것이기에, 여러분과 나누는 것이 당연하다고 믿습니다.

목차

서문: 개척, 이제는 더 이상 피할 수 없다 - 4

1장 장소 — 결국에는 사람을 부른다 - 21

유목민이 따로 없었습니다 - 23
개척하는 데도 돈 듭니다! 돈! - 24
돈 안 들이고 장소 찾는 법(미국 편) - 25
돈 안 들이고 장소 찾는 법(한국 편) - 28
정리 - 29
실천 질문 - 30

2장 배신 — 자연스러운 것이다 - 31

개척 멤버들도 곧 떠납니다 - 34
개척하면서 제일 힘든 것은 사람입니다 - 35
뒷문을 막지 마십시오 - 37
팬데믹이 생각보다 강했습니다 - 40
정리 - 42
실천 질문 - 43

3장 재정 — 무조건 아껴 써라 - 45

\# 첫 3년은 모으고, 다음 2년은 버팁니다 - 48

\# 분립개척이 일반개척보다 자립하기 더 어렵습니다 - 51

\# 정리 - 55

\# 실천 질문 - 55

4장 설교 — 첫인상이 전부다 - 57

\# 당신의 설교는 충분합니다 - 60

\# 중대형 교회는 설교를 망쳐도 괜찮습니다. 하지만 당신은 아닙니다 - 61

\# 개척교회는 '중증외상센터'입니다 - 63

\# 정리 - 64

\# 실천 질문 - 65

5장 한 사람 — 결코 한 명이 아니다 - 67

\# 전도가 어려운 사람? 전도가 쉬운 사람! - 70

\# 교회는 사람 보러 가는 곳입니다 - 72

\# 사람은 중심이 아니라 외모를 봅니다 - 74

\# 정리 - 75

\# 실천 질문 - 76

6장　생활력 — 이중직은 현실이자 대안이다　- 77

　# 목회자가 일을 하면 좋은 점　- 81
　# 일하는 목회자, 개척교회의 유일무이한 대안　- 84
　# 정리　- 85
　# 실천 질문　- 86

7장　사표 쓰고 사역하라　- 87

　# 교회가 작을수록, 별것 아닌 일로 사라질 수 있습니다　- 89
　# 강하면 부러진다? 유연하게 해야 한다?　- 90
　# 회생 가능성은 어디에서 오는가?　- 91
　# 사랑하기 때문에 이야기할 수 있는 것입니다　- 92
　# 정리　- 94
　# 실천 질문　- 94

8장　청빙을 돌같이 보고, 개척에만 집중하라　- 97

　# 개척이 청빙보다 더 좋을 수 있습니다　- 100
　# 적어도 5년은 한눈팔지 마십시오　- 102
　# 정리　- 104
　# 실천 질문　- 105

9장 가족을 챙겨라 — 107

- \# 주님은 목사를 부르셨지, 자녀를 부르신 건 아닙니다 — 110
- \# 너희 아빠 뭐 하시니? — 111
- \# 원 플러스 원(1+1)의 함정 — 112
- \# 정리 — 114
- \# 실천 질문 — 115

10장 축복을 기대하라 — 117

- \# 마르다가 아닌 마리아가 됩니다 — 120
- \# 자기 발전이 됩니다 — 121
- \# 정리 — 123
- \# 실천 질문 — 124

결론: 개척 — 하나님 나라의 무기가 되어야 한다 — 125

1장

장소 — 결국에는 사람을 부른다

"교회를 개척한다고 했을 때, 가장 먼저 준비해야 할 것은 무엇일까?"
저는 주저 없이 '장소'라고 말씀드리고 싶습니다.

사실 개척을 처음 시작했을 때만 해도, 저는 장소를 그렇게 중요하게 여기지 않았습니다.
"장소가 뭐 그리 중요합니까? 어디서든 예배드리면 그게 교회 아닙니까?" 그렇게 생각했습니다.

하지만 시간이 흐르면서 점차 깨달았습니다.
장소에는 사람을 끌어당기는 힘이 있고, 사람은 안정감 있는 장소에 머물고 싶어 한다는 사실을요.

유목민이 따로 없었습니다

개척 첫해, 저희 교회는 무려 세 번이나 예배처소를 옮겼습니다. 첫 번째 장소에서는 6개월, 두 번째 장소에서는 3개월, 세 번째 장소에서도 3개월밖에 머무르지 못했습니다. 통계적으로 보면, 이 기간 동안 교인 수는 전혀 늘지 않았습니다.

교회를 찾는 분들은 이동을 매우 꺼려했습니다.
"성도님, 새 예배 장소가 차로 5분 정도 떨어진 곳입니다"라고 안내하면, 실제로는 큰 차이가 없는 거리임에도 불구하고 교회를 떠나는 분들을 자주 보게 되었습니다.

사람들이 생각하는 '편한 거리'는 물리적 거리보다 훨씬 보수적입니다. 주일에 교회가 5분 멀어지면, 그 5분 내에 선택할 수 있는 다른 교회 옵션도 최소 5개는 늘어난다는 점을 기억해야 합니다.

반대로, 안정적인 장소가 주는 효과를 몸소 체험한 일이 있습니다.
유목민처럼 떠돌던 저희 교회가 어느 날 LA 다운타운에 위치한 Tapestry Church를 만나게 되었습니다. 이 교회는 한인 2세들이 주축이 되었으며, 단순한 영어예배(EM)를 넘어 다인종 교회(Multiethnic Church)를 지향하는 공동체입니다.
Tapestry Church의 담임목사님께서는 저희 사정을 들으시고, 흔쾌히 예배당을 함께 사용하도록 허락해 주셨습니다. 그 교회의 공간은 매우 훌륭했고, 덕분에 저희 교회는 한 장소에서 약 50명까지 성장할 수 있었습니다.

장소 변경 전후를 살펴보면 좋겠습니다. 그사이에 설교가 달라졌을까요? 찬양팀이 바뀌었을까요? 새가족 선물이 좋아졌나요? 갑자기 우리 교회가 엄청 친절해졌을까요?

그렇지 않습니다. 저희는 여전히 부족했고, 서툴렀습니다.

하지만 단지 장소가 안정되었다는 이유만으로, 교회는 성장했습니다. 1년 넘게 이리저리 떠돌 때는 전혀 늘지 않던 성도 수가, 고정된 공간을 확보한 뒤부터는 늘어나기 시작했습니다. 장소가 적합하다는 인식을 가진 성도들, 예를 들어 자신의 동선과 가깝고, 합리적이라는 사람들이 붙기 시작했습니다.

즉, 안정된 장소, 고정된 예배처소는 단순한 공간 이상의 의미를 가집니다. 장소는 성도들에게 정서적인 안정감을 줍니다. 그 안정감이 사람을 불러오는 것입니다. 이것은 성도와 교회와의 신뢰도를 높여주기도 합니다.

개척하는 데도 돈 듭니다! 돈!

총신대학교 신학대학원 시절, "목회 계획 세미나"라는 교양 강의가 있었습니다. 그 시간에 한 교수님께서 하신 말씀이 아직도 기억에 남습니다.
"여러분, 개척하는 데도 돈 듭니다! 돈!"

생각해보니 정말 맞는 말이었습니다. 작은 상가라도 계약하려면 보증금이 필요하고, 강대상, 의자, 음향 시스템 등을 구입하려면 비용이 상당합니다. 우스갯소리로, 당신이 개척을 했다면 당신은 돈을 굴릴 수 있는 능력자라고 자칭하셔도 될 듯합니다.

여러 상황을 봐도 기성 교회에서 부교역자로 사역하며 청빙을 기다리는 것이 훨씬 경제적으로 나은 길일 수 있습니다. 결국 돈이 있어야 개척이 가능하다는 말, 돈 없으면 개척이 어렵다는 말, 매우 일리 있고 타당한 말씀이었습니다.

그렇다면 돈이 없으면 개척을 하지 말아야 할까요?
감사하게도 우리에게는 또 다른 선택지가 있습니다. 장소는 빌릴 수 있는 것이기 때문입니다.

돈 안 들이고 장소 찾는 법(미국 편)

여기서는 제가 미국에서 교회를 개척하며 장소를 최소 비용으로 확보했던 실제 경험을 소개하고자 합니다.

팬데믹 기간 중, 저희는 공원에서 예배를 드렸습니다. 현장 예배를 허용할지 말지에 대한 정책이 자주 바뀌었고, 교회 재정도 매우 부족했기 때문에, 야외 예배 외에는 선택지가 없었습니다.
그렇게 약 9개월간, 사회적 거리두기를 유지하며 매주 공원에서 예배를 드렸습니다. 9개월은 결코 짧지 않습니다. 사계절 중 겨울, 봄, 여름을 보냈습니다. 매주 불안해서 미칠 지경이었습니다.

개인적으로 공원 예배가 기억에 별로 좋지 않습니다. 겉으로 보기엔 낭만적으로 보일 수 있지만, 실제로는 쉽지 않았습니다.

어느 날은 예배 장소 근처에 동물이 죽어 있었습니다. 새들은 가끔씩 날아오고, 산책하는 강아지는 짖어 댑니다. 또 날씨가 좋은 날에는 옆에서 야구팀이나 축구팀이 연습을 하기도 했습니다. 공이 예배 중에 날아오기도 합니다.

한번은 사람들이 바로 옆에서 옷을 벗고 태닝을 하고 있기도 했고, 비라도 오는 날엔 마음을 졸이며 예배를 드려야 했습니다.

공원 예배를 지속하면서, 실내 예배를 위한 장소가 절실해졌습니다. 그래서 "토랜스 교회", "카슨 교회", "가디나 교회" 등으로 구글 검색을 했습니다. (토랜스, 카슨, 가디나는 저희 동네 지역명입니다)

수백 개의 교회가 검색되었고, 각 교회 홈페이지에 들어가 이메일 주소를 확인한 뒤, 장소 대여 요청 메일을 보냈습니다. 배부른 소리 같지만, 시설이 좋아 보이는 교회 위주로, 약 100여 곳에 이메일을 보냈고, 3개월에 한 번 꼴로 반복해서 시도했습니다. 1년간 지속적으로 메일을 보냈지만, 돌아오는 반응은 "빌려줄 수 없다"라는 답장뿐이었습니다.

그렇게 낙심하고 있던 중에 한 가지 생각이 떠올랐습니다.
"홈페이지가 없는 교회도 있을 텐데?"

모든 교회가 온라인 홍보에 신경 쓰는 것은 아니니, 오히려 연락처가 제대로 노출되지 않은 교회들이 있을 거란 생각이 들었습니다.

그래서 이번에는 구글 지도(Google Maps)를 통해 홈페이지가 없거나, 연락처가 잘 보이지 않는 교회들을 중심으로 약 30곳을 정리했습니다.

이 교회들을 매주 주말마다 찾아가, 직접 작성한 장소 협조 요청 편지를 정문에 붙이고 돌아오는 방법을 택했습니다. 아마 교회 관계자가 깜짝 놀랐을 것입니다. 갑자기 교회 정문에 법원 공지 같은 편지들이 붙어 있었기 때문입니다.

한 달 후, 모르는 번호로 전화가 걸려왔습니다. 제가 편지를 붙였던 교회 중 한 곳이었습니다.

그 교회는 International Church of Harvest라는 이름의 교회였고, 감사하게도 그곳이 저희 교회의 예배처소가 되었습니다. 벌써 2년째, 감사하게도 매우 적은 비용으로 그곳을 사용하고 있습니다. 일반적인 렌트비의 5분의 1 수준입니다.

물론 이 방법이 모두에게 적용되는 것은 아닐 수 있습니다. 하지만 한 가지는 분명합니다. 직접 발로 뛰며, 가능성을 찾아봐야 합니다. 밑져야 본전입니다.

그러다 보면 주변에 공간은 있지만 정체된 교회들, 또는 하나님 나라의 확장을 위해 장소를 기꺼이 공유하려는 교회들을 만날 수 있을 것입니다.

#돈 안 들이고 장소 찾는 법(한국 편)

한국도 크게 다르지 않습니다. 주일에 영업하지 않는 장소, 20~30명 정도가 모일 수 있는 공간을 찾아보면 의외로 꽤 있습니다. 실제로 유치원이나 커피숍을 주일 오전에만 임대해 예배를 시작한 교회들도 있습니다.

장소의 퀄리티보다 중요한 것은, 고정된 장소에서 1년 정도 예배드릴 수 있느냐 하는 지속성입니다.

이제 한국도 교회 간 공간 공유를 고민해야 할 시점이 되었다고 생각합니다.

한 교회가 공간 전체를 임대하기 어려운 실정에 돌입했습니다. 대형 교회들은 오히려 공간이 부족하겠지만, 중소형 교회들 중에는 규모 대비 공간이 여유 있는 곳도 많습니다. 그런 교회의 관계자를 찾아가 비전을 나누고, 협력의 요청을 해보는 것, 충분히 시도할 만한 일입니다.

다시 말씀드리지만 밑져야 본전입니다.

또 하나의 접근 방법으로는 '빅텐트 전략(Big Tent Strategy)'이 있습니다. 지역 내 작은 교회 여러 곳과 협력해 한 건물을 공유하는 방식입니다.

예를 들어,

- 9시에 예배드리는 교회
- 11시에 예배드리는 교회
- 1시에 예배드리는 교회

- 어린이 사역을 중심으로 하는 교회
- 청소년이나 청년 사역에 특화된 교회
- 시니어 사역을 담당하는 교회 등
- 수요예배 하고 싶은 교회
- 금요예배 하고 싶은 교회
- 새벽기도 하고 싶은 교회
- 주중에 성경대학 하고 싶은 교회
- 기타

이렇게 서로 시간대와 사역 영역을 나누어, 같은 공간을 함께 사용할 수 있습니다. 함께 임대료를 분담하고, 사역적 연대감도 키울 수 있는 좋은 모델입니다.

방법은 많습니다. 방법이 없다고 느낀다면, 방법이 없는 게 아니라, 아직 해 보지 않았을 뿐입니다.
해 보면 됩니다. 하면 되는 일입니다. 밑져야 본전입니다.

정리

장소는 개척교회에 있어 생각보다 훨씬 중요한 요소입니다. 장소를 가볍게 여기지 마십시오. 고정된 장소 하나만 있어도 충분합니다.
너무 화려할 필요는 없습니다. 어차피 우리는 개척교회입니다. 사람들도 대단한 시설을 기대하지 않습니다.

우리는 그저 매주 예배드릴 수 있는 안정된 장소만 제공하면 됩니다. 그 안정감이 성도들에게 신뢰를 주고, 교회의 뿌리를 내리게 합니다.

돈이 없다고요? 괜찮습니다. 발로 뛰십시오. 아이디어를 내십시오. 빌리십시오. 그리고 기도하십시오.

하나님께서 반드시 길을 열어주실 것입니다.

실천 질문

1. 당신이 개척하고 싶은 지역은 어디입니까? 그 지역의 교회는 몇 곳이나 있습니까? 홈페이지가 있는 교회와 없는 교회는 각각 몇 곳입니까? 직접 조사해 보십시오.

2. 리스트를 만들어, 장소 협조 요청 이메일을 정기적으로 보내보십시오. 이메일이 없는 교회에는 '기도 편지' 형식으로 내용을 정리해, 직접 찾아가 우편함에 넣어보십시오. 요청서에는 교회의 비전, 목적, 사역 방향 등을 명확히 담아야 합니다. 이 작업은 응답이 올 때까지 반복하십시오. 반드시 연결되는 곳이 생길 것입니다.

3. 연합할 수 있는 작은 교회들을 찾아보십시오. 장소 사용료가 부담스러운 교회들이 분명히 있을 것입니다. 3~4개 교회가 힘을 합치면, 건물을 공동 임대할 수도 있습니다. 시간과 공간을 나누어 사용하는 것도 좋은 방법입니다. 이것이야말로 아름다운 연합 아닐까요? 지금부터 찾아보십시오.

2장

배신 — 자연스러운 것이다

개척에 대해 전혀 관심이 없던 저에게 개척을 권유하던 분들이 있었습니다. 이런 권유를 건설 현장에서는 흔히 '펌프질'이라고 표현합니다.

만날 때마다 "같이 개척하자", "이제 때가 됐다" 하며 저를 부추기던 사람들. 제 주변에는 여럿 있었습니다. 이런 분들을 조심하셔야 합니다.

그때마다 제 아내는 혹시 귀가 얇은 남편이 그 말에 넘어갈까 봐 걱정을 많이 했습니다. 결국 저는 그 펌프질에 넘어간 셈이 되었습니다. 이렇게 지인들의 권유와 저 자신의 기도 끝에, 결국 개척을 결심했습니다.

개척에 대한 마음을 주변에 나누기 시작했을 때, 처음에는 반응이 매우 좋았습니다.
"개척하시면 꼭 따라가겠습니다."
"장소를 제공하겠습니다."
"후원 헌금은 계속하겠습니다."
이런 말들이 들려왔고, 감동을 받았고, 이대로라면 솔직히 생각보다 순조롭겠다는 기대도 들었습니다.

하지만 날짜를 정하고, 기도와 준비가 구체화될 즈음, 저는 한 가지를 깨닫게 되었습니다. 사람의 말은 믿을 수 없다는 진리입니다. 그때까지는 제가 아직 순수했던 것 같습니다.

처음에는 그렇게 호의적이던 사람들, 적극적으로 응원하고 도와주겠다고 했던 이들 중 실제로 개척에 동참한 사람은 거의 없었습니다. 한마디로 말해, 배신을 경험한 것입니다.

'배신'이라는 용어가 좀 과하다 싶으십니까? 일부러 그렇게 표현하는 것입니다. 배신을 너무 무겁게 받아들이지 않으셨으면 합니다. 가볍게, 일상의 하나로 받아들이시길 바랍니다.

오늘 점심 약속한 사람이 연락도 없이 다른 사람과 식사하는 것도 작은 배신입니다. 부모님이 옷 사준다고 해놓고, 갑자기 놀러 가신 것도 일종의 배신입니다. 아빠가 오늘 놀아준다고 해놓고, 안 놀아 주는 것도 일종의 배신입니다.
제가 이렇게 예를 드는 이유는, '배신'이라는 단어에 담긴 충격을 줄이기 위해서입니다.

결국, 개척을 권유하던 대부분의 사람들은 정작 개척이 시작되자 함께하지 않았습니다. 그때 저는 이렇게 정리하게 되었습니다.
"개척은 배신과 함께 시작된다."

개척 멤버들도 곧 떠납니다

저는 5명의 청년들과 함께 교회를 개척했습니다. 정말 감사한 일이었습니다. 부족한 목사를 믿고, 하나님이 기뻐하실 교회개척에 동참해 준 이 형제자매들은 제게 평생 고마운 동역자들입니다.

개척 초기, 우리는 가족처럼, 친구처럼, 한 팀이 되어 같은 꿈을 나눴습니다. 그 시절을 떠올리면 지금도 마음이 따뜻해집니다.

개척 후 몇 달이 지난 어느 날, 제가 부목사로 섬겼던 세리토스 선교교회에서 설립 예배를 인도해 주셨습니다. 방상용 담임목사님과 100여 명의 성도님들이 오셔서, "New Church"의 첫걸음을 함께 축복해 주셨습니다. 그날 저는, 제가 얼마나 많은 사랑을 받고 있었는지 새삼 깨달았습니다. 참으로 고마운 분들입니다.

설립 예배 후, 담임목사님을 주차장까지 배웅하는 길에, 목사님께서 이런 말씀을 조용히 건네셨습니다. "최 목사님, 개척을 같이 시작한 사람들도 곧 떠날 겁니다. 남아 있는 경우는 거의 없어요."

그 말이 당시에는 썩 듣기 좋지는 않았지만, 정이 많은 저에게 미리 중심을 잡으라는 조언이라고 받아들였습니다.

저는 그 말을 크게 신경 쓰지 않았습니다. 우리는 여전히 하나님 나라와 교회, 새로운 미래를 위해 뜨겁게 헌신했습니다. 과정 속에는 은혜도 있었고, 기쁨도 있었습니다.

하지만 시간이 흐르면서, 담임목사님의 말씀이 하나둘 현실이 되어갔습니다. 여러 가지 사정과 이유로, 개척 멤버들이 차례로 교회를 떠나기 시작했습니다. 심지어 개척 이후 리더로 세웠던 청년들도, 짧게는 6개월, 길게는 1년을 넘기지 못하고 떠나가는 경우가 많았습니다.

개척하면서 제일 힘든 것은 사람입니다

개척을 하면서, 아니 목회를 하면서 가장 힘든 일이 무엇일까요?
흔히들 재정 부족이나 교인 수 부족을 떠올리지만, 정작 그것들은 예상 가능한 어려움이라 마음의 준비가 되어 있었습니다. 헌금이 적은 것도, 주일에 빈자리가 많은 것도 아쉬울 순 있지만, 그것만으로 마음이 무너지지는 않았습니다.

정말 힘든 것은 따로 있었습니다. 내가 신뢰하고 기대했던 성도가 교회를 떠나는 일이었습니다. 말씀을 함께 나누고, 사역을 맡기고, 믿음의 동역자로 여겼던 사람이 어느 날 이유를 말하거나 말하지도 않은 채 등을 돌리고 떠날 때, 그 상실감은 단순한 아쉬움이나 섭섭함을 넘어서, 가슴 깊은 곳에 상처로 남았습니다.

물론 이해는 됩니다. 이사나 유학, 직장 이동처럼 불가피한 상황도 있을 수 있고, 교회에 대한 실망이나 신학적인 차이처럼 나름대로의 이유도 있을 수 있습니다.
하지만 그런 상황에서도 마음은 여전히 속상합니다. 아무리 합리적으로 받아들이려 해도, 사라진 자리에는 공백이 남고, 공백은 쉽게 메워지지 않기 때문입니다.

사람과 사람 사이에 쌓였던 정이 무너지는 순간, 목회의 본질 중 하나가 성도와의 교제, 그들과의 관계라고 믿는 사람에겐 감당하기 어려운 무게가 됩니다. 때로는 너무 쉽게 판단하고, 단편적인 정보만 듣고, 말도 없이 자리를 비우는 이들을 보면 분노보다는 허탈감이 먼저 찾아오고, 그 허탈감은 스스로의 자존감마저 흔들어 놓습니다.

함께 교회를 세워가자며 시작했던 사람들이 하나둘 떠나고, 처음부터 끝까지 남아 있는 사람이 결국 목회자 한 사람뿐이라는 현실은, 어쩌면 개척 목회의 가장 큰 외로움일지도 모르겠습니다.

저는 이제야 담임목사님께서 주차장으로 걸어가며 지나듯이 하신 말씀이 무엇을 의미했는지를 깊이 이해하게 되었습니다. '개척할 때 함께한 사람들은 대부분 곧 떠날 것'이라는 말은 예언처럼 성취되었습니다.

개척교회에서 '배신'이라 불릴 만한 일은 아주 자연스럽게 일어납니다. 아니, 어쩌면 너무나도 당연한 일인지도 모릅니다.
처음부터 기대하지 않으면 마음이 덜 아프겠지만, 그렇게 관계를 맺지 않으면 목회 자체가 성립되지 않기에 결국 또 사람을 기대하게 되고, 기대는 상처로 이어지기 마련입니다.

그러나 이제는 그 상처조차 목회의 한 부분으로 받아들입니다. 배신도,

서운함도, 이탈도 모두 목회의 일부이고, 개척의 길을 걷는 이들이라면 누구나 감수해야 하는 과정이라는 걸 알게 되었습니다.

개척 목사는 어쩌면 감정의 진폭 속에서 살아가는 사람입니다. 하루는 기쁨, 하루는 절망, 또 하루는 기대와 체념이 뒤섞여 오는 감정을 안고 살아갑니다.

그래서 저는 이렇게 말하곤 합니다. 개척 목회자는 1년 364일, 감정의 파도 속에서 살아갑니다. 너무 불쌍하니까 365일에서 1일은 쉬게 해드리는 겁니다.

뒷문을 막지 마십시오

인식 전환이 필요합니다.
"함께 개척하기로 해놓고 이렇게 쉽게 발을 빼는 게 말이 되나?"라는 대답에 "그게 바로 개척입니다."라고 대답할 수 있어야 합니다.

처음부터 교회의 '뒷문'을 막으려 하지 마십시오. 오히려 활짝 열어두어야 합니다.
하루 머물다 갈 수도 있고, 한 달 혹은 1년, 길게는 5년을 함께하다 떠날 수도 있습니다. 그 모든 시간은, 길든 짧든, 그 자체로 감사할 일입니다.
누구든 언제든, 자유롭게 들어올 수 있고 또 나갈 수 있는 문이 있다는 것, 그 문을 열어두는 것이야말로 개척교회가 가져야 할 넉넉함이고 용기입니다.

대개 교회들은 성도들을 관리하려고 합니다. 큰 교회일수록 관리 '시스템'이 탁월합니다. 작은 교회일수록 인간의 '정'에 의존할 때가 많습니다. 두 가지 모두 교회에 방문하면 적어야 하는 새가족 카드가 그 관리의 시작이라고 보시면 됩니다.

하지만 이제는 성도들에게 '자유'를 줘야 할 시점이 왔습니다. 자유롭게 놔둬야 합니다. 자유롭게 선택하게 하고, 자유롭게 믿게 하고, 자유롭게 신앙을 선택하도록 해야 합니다.

인간에게 자유가 주어짐으로 인해, 인류의 타락이 시작되었습니다. 결과가 참혹하기에, 우리는 자유를 관리해야 한다고 할 수 있습니다.

그러나 자유를 주신 하나님의 깊은 의도를 묵상해 봐야 합니다. 하나님은 인간이 남용할 수도 있을 만한 자유를 통해 오히려 영광 받기 원하신 것입니다.

자유를 선물하는 목회를 하셔야 합니다.
교회에 앞문이 있으면 반드시 뒷문도 있어야 합니다.
자유롭게 왔다, 자유롭게 나갈 수 있게 해줘야 합니다.
이러한 과정 속에서 한 성도의 신앙이 순수하게 성장할 수 있도록 해야 합니다.

사람은 하나님의 인도하심 속에서 살아갑니다. 목사도, 성도도, 결국은 다 신앙의 여정을 걷고 있는 나그네일 뿐입니다. 누군가는 들어오고, 누군가는 나가며, 어떤 이는 조용히 떠나고, 또 어떤 이는 상처를 남기기도 합니다.

그렇다면 우리는 물어야 합니다. 떠나는 성도에게 줄 수 있는 마지막 교훈은 무엇일까. 그들에게 건넬 수 있는 마지막 격려, 마지막 섬김, 마지막 가르침은 무엇일까.

배신감이 들지라도, 억울함이 올라오더라도, 그것을 잠시 뒤로 미루고, 그들의 마지막 이별을 어떻게 하나님 앞에서 의미 있게 마무리할 수 있을지를 생각해야 합니다.

저는 그게 진짜 목회라고 믿습니다.

목회는 모으고(Gathering), 성장시키고(Growing), 내보내는 것(Sending)까지 해야 합니다. 대부분 모으고, 성장시키는 데까지 하지만, 내보내지 않습니다.

교회는 성도를 내보내야 합니다. 좋게 내보내나, 나쁘게 내보내나, 내보내야 합니다. 그게 파송이든, 이별이든 내보내야 합니다.

떠나는 이들의 발걸음을 보며 섭섭함이 밀려오고, '왜 함께하지 못했을까', '왜 여길 선택하지 않았을까'라는 질문이 반복되겠지만, 그 감정에 오래 머물기보다, 이렇게 시선을 바꿔보면 어떨까요?

'우리 교회에 세 달이나 있어줬구나.'
'이 작은 교회를 1년이나 섬겨줬네.'
'3년 동안 함께한 그 시간이 그냥 지나간 시간이 아니었겠지. 정말 고마운 일이다.'

입장을 바꿔 생각해보면 더 잘 이해가 됩니다.

우리가 성도라면, 과연 개척교회를 선택할 수 있었을까요?

자녀가 있는 부모라면, 주일학교도 아직 정비되지 않은 곳으로 쉽게 발길을 옮길 수 있었을까요?

그저 오는 것 자체가 기적이고, 머물러 준 시간이 은혜였다는 사실을, 우리는 어느 순간 깨닫게 됩니다.

그래서 떠나는 사람들에게 상처받는 것도, 그로 인해 눈물이 날 만큼 서운하고 아픈 것도, 결국은 너무나도 자연스러운 일입니다. 하지만 그 감정의 끝에서 우리가 만날 수 있는 마음은 바로 이것입니다.

'감사합니다. 그 시간 함께해주셔서.'

팬데믹이 생각보다 강했습니다

2017년, 다섯 명으로 시작한 교회는 2020년에 이르러 50명 정도로 성장했습니다. 예배만 드려도 감격이 벅차던 시기를 지나, 소그룹도 생기고 다양한 사역이 시도되기 시작했습니다.

예배 공간 외에 따로 모임을 가질 수 있는 장소가 필요했고, 그래서 LA 다운타운, 리틀 도쿄 근처에 약 80명이 들어갈 수 있는 공간을 새로 계약했습니다.

인테리어 공사를 하고, 필요한 물건을 하나하나 갖추며, 마치 새집에 혼수 장만하듯 설렘과 기대를 안고 공간을 준비했습니다. 공사 비용도 적지 않게 지출되었습니다. 그 일이 있던 때가 2020년 1월이었습니다.

    그리고 한 달 뒤, 중국 우한에서 발생한 폐렴이 전염되고 있다는 뉴스가 들려왔습니다. 코로나 바이러스, 바로 팬데믹의 시작이었습니다.
    새로 계약한 건물은 2달만에 봉쇄되었고, 전혀 사용할 수 없게 되었습니다. 하지만 건물 임대료는 그대로 지불해야 했습니다. 야속했습니다.
    아무리 새로 단장한 공간이라도, 아무도 사용할 수 없는 교회는 그림의 떡일 뿐이었습니다. 그렇게 공들여 준비한 장소를 단 하루도 예배 공간으로 사용하지 못하고, 계약 기간 1년을 채우고 이사를 해야만 했습니다.

    그러나 그 시기에 더 힘든 일이 있었습니다. 성도들이 교회를 떠나버렸다는 것입니다.
    저희 교회는 유학생 중심의 공동체였습니다. 팬데믹 초기, 의료보험도 제대로 되지 않던 유학생들은 공포에 시달려야 했고, 많은 이들이 한국으로 돌아갔습니다. 그 시기, 공항에서 수많은 작별 인사를 나누며 눈물로 배웅하던 장면들이 지금도 선명히 떠오릅니다.

    온라인으로 예배를 이어가 보려 했지만, 현실은 녹록지 않았습니다. 기술적으로든 정서적으로든, 화면 너머의 공동체는 결코 오프라인의 깊이를 대신할 수 없었습니다.
    팬데믹은 생각보다 훨씬 길었고, 공백의 시간은 교회를 작게 만들었습니다. 솔직히 말해, 팬데믹은 저희 교회가 쌓아온 모든 것을 앗아갔습니다.

마침내, 팬데믹이 끝난 2023년, 우리가 다시 오프라인으로 모였을 때 남아 있는 교인은 다섯 명뿐이었습니다. 다시 처음으로 돌아간 것이었습니다. 6년이라는 시간이 팬데믹과 함께 사라진 것 같은 허탈함이 밀려왔고, 저는 그 시기에 정말 여러 번 목회를 포기할 생각을 했습니다.

솔직히 떠난 이들에게는 서운함이, 아무 말 없이 사라진 사람들에게는 배신감이, 그리고 하나님께는 말할 수 없는 실망이 들었던 시기였습니다.

그러나 그때마다 하나님은 포기하지 않도록 저를 붙들어주셨습니다. 교회를 옮긴 지체들이 타 교회에서 열심히 신앙생활 하는 것을 보며 흐뭇하게 하셨습니다. 다시 하나씩, 둘씩, 천천히 보내주시는 성도들을 통해 위로를 주셨고, 회복의 씨앗을 심어 주셨습니다. 속도는 느렸지만, 하나님은 여전히 교회를 세워가고 계셨습니다.

저는 이제 압니다. 이러한 일들은 앞으로도 반복될 것입니다. 어느 날 갑자기 사람들이 몰려오기도 하고, 또 어느 날은 급격히 줄어들기도 하겠지요. 마치 롤러코스터처럼, 교회는 그렇게 움직일 것입니다.

하지만 궁극적으로는, 하나님의 뜻이 이뤄지고 있다고 믿습니다. 그 과정에서 겪게 되는 서운함, 아쉬움, 배신감 같은 감정들은 너무나도 자연스러운 일입니다. 그 감정들에 휘둘리기보다는, 감정을 품고 견디는 것이 개척목회의 길이라는 사실을 다시 한번 배우게 됩니다.

정리

개척교회의 '판'은 끊임없이 바뀝니다.

떠나고, 또 오고, 떠났다가 다시 오는 반복의 연속입니다.
그 누구의 잘못도 아닙니다. 자연스러운 흐름입니다.

떠나는 사람을 붙잡으려 하지 말고, 오는 사람을 의심하거나 경계하지도 마십시오.
"얼마나 오래 다녔는데", "얼마나 잘해줬는데"라는 말은, 안타까움의 표현일 수는 있어도, 지금 우리가 머물러 있을 자리는 아닙니다. 우리에게는 그런 감정을 곱씹을 시간도, 에너지도 없습니다.

중요한 것은 지금입니다. 오늘 나와 함께 있는 사람들, 이 순간 이 교회에 하나님께서 보내신 이들과 함께 공동체를 세워가는 것이 바로 개척입니다.
하나님이 정하신 시간 안에서, 하나님이 붙여주신 사람들과 함께 가는 것, 그것이 개척교회의 모습이어야 합니다.

실천 질문

1. 새가족 교육만큼, 떠나는 사람들에게도 교육이 필요합니다. 교회를 떠나려는 이들에게 당신은 어떤 마음을 갖고, 어떤 내용을 나누시겠습니까?

2. 교회를 떠나는 성도를 바라보는 성도들이 있습니다. 남아 있는 성도들에게는 어떤 위로와 확신을 더해주어야 할까요?

3장

재정 — 무조건 아껴 써라

이제 재정 이야기를 해 보려 합니다.

이 장의 제목을 보고 "아껴 쓸 돈이라도 있으면 좋겠네요"라고 웃으며 말하고 싶으신 분들도 계실지 모르겠습니다. 저 역시 동일한 심정입니다.

그럼에도 불구하고, 이 이야기를 꼭 드리고 싶습니다.

저는 2013년에 미국에 왔습니다. 가족, 친척, 아는 사람 아무도 없었습니다. 함께 유학 온 동역자들이 전부였는데, 그들 역시 저처럼 미국은 처음인 사람들이었습니다.

감사하게도 세리토스 선교교회에서 부목사로 섬길 기회가 주어졌고, 그렇게 약 3년간 중형 교회에서 사역할 수 있었습니다. 그 후 개척을 결심하고 나섰습니다.

요약하자면, 미국에 오래 있지도 않았고, 대형 교회에서 오래 부목사 생활을 한 것도 아니며, 저를 따라 개척에 동참할 만한 인맥이나 기반이 전혀 없었다는 점을 말씀드리고 싶습니다.

이야기는 여기서부터 시작됩니다.

인간의 관점에서는, 도움을 받을 만한 기대가 전혀 없었던 상황이었지만, 바로 그 지점에서 하나님의 은혜가 시작되었습니다.

간판 하나 달려 있지 않은 작은 교회였고, 홍보도 부족했지만, 그럼에도 어디선가 젊은 목사가 개척했다는 소문을 듣고, 누군가는 감동을 받아, 정말 뜻밖의 분들에게서 헌금이 들어오기 시작했습니다.

첫해, 개척한 교회로서는 믿기 어려울 만큼 많은 후원 헌금이 모였던 기억이 납니다.

정말 놀라웠습니다. 아는 사람이 많았던 것도 아니고, 따로 요청하거나 간청한 것도 아니었는데, 도무지 설명되지 않는 방식으로 하나님께서는 재정을 보내주셨습니다. 첫해는 단지 물질뿐 아니라, 기도 동역자들과 새로운 방문자들도 많아졌던 시기였습니다.

하나님께서 도우셨고, 하나님의 은혜가 있었습니다.

하지만 그 은혜는 오래가지 않았습니다. 1년 차가 지나자, 후원 헌금은 점점 줄기 시작했습니다.

2년 차에는 어느 정도 유지되다가, 3년 차에 들어서면서는 헌금이 눈에 띄게 줄었고, 4년 차부터는 후원 헌금이 거의 끊기게 되었습니다.

그리하여 저희 교회가 비교적 여유로운 재정을 누릴 수 있었던 시기는, 겨우 3년 정도였다고 보는 것이 정확할 것입니다.

만약 당신이 개척을 한 목회자라면 저의 이 말에 격하게 공감하시리라 생각합니다. 놀랍게도 이 현상은 참 많은 개척교회들의 일이기 때문입니다.

비슷한 시기에 개척한 동료 목회자들과 교제를 나누다 보면, 대부분이 비슷한 경험을 이야기합니다.

'1년 차에 헌금이 가장 많이 들어오고, 3년 차 이후에는 거의 없어진다'는 것이었죠.

그렇기 때문에 저는 이렇게 말씀드리고 싶습니다. 개척교회에 헌금이 들어오는 기간은 길어야 3년이라는 것입니다.

그리고 그 시기에 가능한 한, 아니 어쩌면 불가능하더라도, 첫 3년 동안은 무조건 재정을 아껴 쓰고, 최대한 저축해야 합니다.

누군가는 말합니다. "3년 안에 교회를 자립시켜야 한다"고. 일리가 있는 말입니다. 그래서 많은 분들이 3년 안에 모든 것을 쏟아붓고, 전력투구를 합니다.

저도 그랬습니다. 그러나 지금 돌아보면, 그 판단은 위험할 수 있었다고 생각합니다.

3년은 생각보다 짧습니다. 그리고 위기는 대부분 2년 차에서 3년 사이에 찾아옵니다. 그래서 '3년 안에 승부를 보자'는 접근보다는, 3년 동안 최대한 아껴 써서, 최소 5년은 버티자는 전략이 훨씬 현실적입니다. 왜냐하면 교회는 생각보다 천천히 성장하기 때문이고, 하나님의 시간은 우리의 계획보다 훨씬 길고 깊기 때문입니다.

첫 3년은 모으고, 다음 2년은 버팁니다

마음속으로는 부인하고 싶지만, 현실은 분명한 것이 있습니다. 지금은 큰 교회들도 성장이 멈춘 시대라는 것입니다.

그런 시대에 작은 교회가 자립과 성장을 동시에 기대하는 것은 어쩌면 지나치게 낙관적인, 현실과는 거리가 있는 이상일 수 있습니다. 그래서 저는 감히 말씀드립니다.

부흥이나 성장에 거는 큰 기대는 잠시 내려놓는 편이 좋겠습니다.

교회개척은 그저 주님이 명하신 좁은 길을 걸어가는 일입니다. 그 여정 가운데 만나는 영혼들을, 주님이 그랬듯이 사랑하며 섬기고 목양하는 것, 그 자체에 만족할 수 있어야 생명력 있는 목회를 이어갈 수 있습니다.

부흥과 성장을 크게 기대하지 마십시오. 그것은 우리가 노력한다고 해서 이뤄지는 것이 아닙니다.

하지만 우리의 영역, 우리가 할 수 있는 일이 있습니다. 그건 현상 유지입니다. 절약입니다. 절제, 전략적인 경영, 긴축 운영입니다.

예를 들어, 한 개인이 월 천만 원을 벌다가 어느 날 갑자기 일억을 버는 일은 불가능에 가깝습니다. 하지만 천만 원의 수입을 아끼고, 저축하고, 투자하고, 복리의 원리를 적용해 간다면 일억이라는 숫자도 언젠가는 도달할 수 있는 목표가 됩니다. 바로 그것이 개척교회가 취해야 할 재정 전략입니다. 절약과 절제가 살길입니다.

만약 개척 후 첫 3년 안에, 비교적 순조롭게 후원 헌금이 들어온다면 그 기회를 놓치지 말고 잘 모아두어야 합니다. 그렇게 비축된 자금은, 그 이후 다가올 2년을 견딜 수 있는 힘이 됩니다.

요셉이 풍년의 때에 곡식을 비축해, 7년의 흉년을 버텼던 것처럼, 개척교회도 미리 준비해 두지 않으면 그 시기를 넘기기 어렵습니다.

그러니 가능하다면 첫 3년 동안은 다음 2년치의 교회 운영비를 확보하는 것을 목표로 삼으십시오. 그것이 가장 현실적인 선택입니다.

조심하시기 바랍니다. 언제나 문제는, 미래를 미리 당겨쓰는 순간부터 시작됩니다. 초기 헌금이 잘 들어오고, 성도도 늘어나고, 분위기가 좋아지면서 목회자에게도 자연스레 교만함이 들어옵니다.

"이러다 중형 교회 되겠다."
"조금만 더 가면 대형 교회도 가능하겠다."
"필요한 교회 비품 다 사버려."

그렇게 마음이 붕 뜨는 시점이 바로 가장 위험한 순간입니다. 왜냐하면, 4년 차부터 찾아오는 재정의 급감을 아직 경험하지 않았기 때문입니다.
성도는 남아 있을지 모르지만, 헌금은 줄어듭니다. 엘리야에게 먹을 것을 날라주던 까마귀도 언제부터인가 날아다니지 않습니다.
그때 의욕이 꺾이고, 기세가 꺾이며, 개척의 열정도 멈추게 되는 것입니다. 환경은 감정보다 강한 것입니다.

그래서 저는 감히 말합니다. 개척은 3년이 아니라, 5년을 내다보고 시작해야 합니다.
첫 3년은 모으고, 다음 2년은 버티는 것, 이 단순한 원칙이 바로 위기를 이겨내는 현실적인 전략이 될 수 있습니다.

분립개척이 일반개척보다 자립하기 더 어렵습니다

재정 이야기를 나누면서 꼭 덧붙이고 싶은 주제가 있습니다.
바로 분립개척에 대한 이야기입니다.

분립개척이란, 일반적으로 큰 교회가 재정과 인적 자원을 지원하여, 교회 하나를 새롭게 개척하게 하는 방식이라고 볼 수 있습니다. 사실 말이 개척이지, 쉽게 말하면, 거의 나눠주는 개척입니다.
이처럼 목회자를 파송하고, 성도를 보내고, 초기 비용도 지원해 주는 개척 방식은 한국에서도 유행하고 있습니다. 지금도 일부 교회를 중심으로 활발히 시도되고 있고, 또 여러 교회에서 부목사를 세워 분립개척 형태로 교회를 확장하는 일이 종종 일어나고 있습니다.

미국도 예외는 아닙니다. 특정 교단에서는 교단 차원에서 사역자를 후원해 주는 경우가 많고, 미국 교회 중에서는 '캠퍼스 개척'이라는 이름으로, 위성 교회를 세우고 사역자를 파송하는 운동도 활발히 이루어지고 있습니다.

맨땅에 헤딩을 한 목회자 중 한 사람으로서 이러한 분립개척의 모습을 보면 정말 부럽습니다. 들어보면 정말 입이 벌어질 정도로 어마어마한 후원과 지원을 받는 분립개척교회도 봤습니다. 실제 그 지원금액을 듣고는 너무너무 부러워서 잠이 안 온 적도 있습니다.

그런데 여기서 저의 아주 개인적인 통찰을 조심스럽게 나누고 싶습니다.

저는 분립개척이 일반개척보다 자립이 더 어렵다고 생각합니다. 바꿔 말하면 일반개척이 분립개척보다 자립이 더 쉽다고 생각합니다.

시간적인 측면에서 일반개척이든 분립개척이든 결국 자립에 걸리는 시간은 큰 차이가 없습니다. 하지만 분립개척이 오히려 자립을 느리게 만들 수 있습니다.

교회의 자립이란, 필요할 만큼의 재정이 통장에 '있다'는 것이 아니라, 또 필요한 재정을 매월 특정 교회로부터 제공받는다는 것이 아니라, 그 재정을 스스로 만들어낼 수 있을 때 '자립'이라는 단어를 쓸 수 있는 것입니다.

다시 말해, 자립은 스스로 벌고, 스스로 모을 수 있을 때 이루어지는 것입니다.

예를 들어, 부잣집 아들이 있다고 생각해 봅시다. 그는 24살, 이제 막 대학을 졸업하고 취업을 준비 중입니다. 집이 워낙 부유하기 때문에 돈 걱정은 없습니다. 직장을 구하지 못하더라도 부모님의 지원으로 얼마든지 살아갈 수 있습니다.

그렇다면 과연 그 아들을 '독립했다'고 말할 수 있을까요? 단지, 돈 걱정을 안 할 뿐이지 아무리 외형적으로 혼자 살아도, 아직 독립했다고 보기는 어렵습니다.

반면에 가난한 집의 자녀가 있습니다. 같은 나이, 같은 배경에서 출발했지만, 집이 어려운 만큼 더 절실하고 더 간절합니다. 매월 다가오는 렌트비, 생활비를 걱정하느라 단 하루도 편할 날이 없습니다.

이러한 상황에서 균등한 기회가 주어진다면, 누가 더 빨리 취업할까요? 부모의 뒷배를 믿고 여유롭게 움직이는 사람과, 내일이 막막해 잠을 설칠 정도로 절박한 사람 중 누가 더 빨리 독립할 수 있을까요?
정답은 분명합니다. 절박한 사람이 더 빨리 독립합니다.

교회도 똑같습니다. 모든 조건을 갖추고 개척하는 목회자들이 있습니다. 담임목사에게도 인정받고, 장로님들에게도 신뢰를 얻어 성도도 보내주고, 재정도 지원받는 분립개척의 사례들이 늘고 있습니다.

다시 말씀드리지만, 정말 부러운 일입니다. 할 수 있다면 그렇게 준비하는 것이 좋습니다. 저 역시 그러한 기회가 있었다면 기꺼이 활용했을 것입니다.

하지만 그럼에도 불구하고, "누가 더 빨리 자립할 수 있느냐, 누가 더 강해질 수 있느냐"라는 질문을 던져본다면, 저는 주저하지 않고 이렇게 말할 수 있습니다.
아무것도 없이 개척한 교회, 즉, 일반개척이 더 빨리 자립합니다.

저 역시 그랬습니다. 개척을 앞두고 후원해주겠다고 약속한 사람도 없었고, 파송해 주겠다는 교회도 없었습니다.

그냥 혼자였습니다. 그런데 놀랍게도 단 한 번도 궁핍했던 적이 없습니다. 그리고 이 과정에서 아주 중요한 사실을 알게 되었습니다.

그건 바로 성도들의 태도입니다.

성도들은 압니다.

"우리 교회를 후원해 주는 교회가 없다."

"우리 목사님은 누구에게도 도움을 받지 않는다."

"지금 우리 교회는 매우 불안하다"는 사실을 알게 되면, 교회를 사랑하는 성도들의 마음속에는 책임감과 소속감이 싹트기 시작합니다.

그때부터 놀라운 헌신이 일어납니다. 사회를 막 시작한 청년들이, 자신의 상황도 빠듯하지만 첫 월급을 기꺼이 주님께 드리고, 십일조가 아닌 십이조, 십삼조를 드리기도 합니다. 그것은 단지 물질이 아니라, 그 교회를 향한 마음이고 책임의 표현입니다.

개척을 한다는 것이 무엇입니까? 힘에 겨운 지나친 헌신을 하는 성도들과의 동행입니다. 과부의 두 렙돈의 헌신이 매주 쏟아져 나와야 하는 제단이 개척교회의 제단입니다.

그런데 그 헌신을 분립개척이 막을 수 있습니다.

"우리는 분립개척이야", "우리는 본부에서 도와줄 거야" 이런 인식이 있는 공동체에서는 절대로 그런 지나치게 자발적인 헌신이 나올 수 없습니다. 왜냐하면 뒷배가 있다는 믿음은 헌신의 온도를 냉랭하게 만들기 때문입니다.

정리

개척은 본래 아무것도 없는 상태에서 시작하는 것입니다.
중요한 것은, 처음 3년이 짧고도 유일한 풍요의 시기가 될 수 있다는 사실입니다. 그때 가능한 한 재정을 아껴 두어야, 그 후에 찾아올 공백의 2년을 준비할 수 있습니다.
그러므로 첫 3년은 모으고, 다음 2년은 버티는 전략, 이 단순하지만 강력한 원칙을 마음에 새기시기 바랍니다.
그리고 마지막으로 이렇게 말씀드리고 싶습니다.
개척은 최소 5년은 해야 열매를 볼 수 있습니다.
또 최소 5년은 해야 후회하지 않습니다.
그 전에 그만두면, 결과는 보지 못한 채 아픔만 남을 가능성이 큽니다. 열매는 포기 직전에 옵니다. 포기하지 말고 견뎌야 합니다. 믿음으로 버티시기를 바랍니다.

실천 질문

1. 기도 편지를 얼마나 전략적으로 사용하고 계십니까? 선교사님들이 보내는 기도 편지를 받아 보신 적이 있습니까? 개척교회도 이제는 기도 편지를 자주 써야 하는 시대입니다. 정기적인 후원을 위해서도, 사역 보고와 동역 요청을 위해서도 꼭 필요합니다. 연령대에 따라 맞

춤 템플릿을 구성해보는 것도 좋은 방법입니다. 당신이라면, 어떤 이야기로 기도 편지를 구성하시겠습니까?

2. 재정을 아끼기 위한 구체적인 계획이 있으십니까? 긴축의 3년을 지혜롭게 보내기 위해, 미리 전략을 세워야 합니다. 제가 추천드리고 싶은 기본 원칙은 이렇습니다:

- 비품은 최대한 중고로, 최소한으로 구입하기
- 장소는 가격이 저렴한 곳 위주로 물색하기
- 지출 전에는 항상 '지금 아니면 안 되나?' 자문해보기

인간은 누구나 한 번쯤 크게 지르고 싶은 욕망을 가집니다. 그러나 초기의 충동은 뒷감당을 어렵게 만듭니다. 첫 3년은 무조건 긴축의 시간임을 잊지 마십시오.

4장

설교 — 첫인상이 전부다

미국에 살다 보면 한식당이 귀하게 느껴집니다. 그래서 동네에 새로 생긴 한식당이 있다면, 검증이 되지 않았더라도 한 번쯤은 가보게 됩니다. 이민자들의 본성이 그런 것 같습니다. 한국 음식이 그립기도 하고, 새로운 곳에 대한 기대도 있기 때문입니다.

그런데 이때 중요한 건, 첫 방문의 경험입니다. 처음 갔는데 음식이 입에 맞지 않았다면? 죄송하지만, 그 식당은 그걸로 끝입니다.

다시는 찾지 않습니다. 설령 그 이후 맛이 개선되고, 주방장이 바뀌고, 가격까지 착해졌다 하더라도 한번 실망했던 손님은 다시 돌아올 가능성이 매우 낮습니다.

교회도 마찬가지입니다. 처음 왔을 때 좋은 경험이 있어야 합니다. 식당으로 말하자면 '맛있어야' 하고, 교회적 언어로 표현하자면 '은혜가 있어야' 합니다. 예배가 좋고, 찬양이 좋고, 무엇보다 설교가 은혜로워야, 다시 찾아올 가능성이 생깁니다. 사람은 기대 이상일 때 감탄을 내비치기 마련이니까요.

개척한 교회에 큰 기대를 품고 찾아오는 성도는 거의 없습니다. 최근 건강이 좋지 않아 가까운 곳을 찾는다든지, 허름한 간판이 불쌍해 보여서, 바쁜 스케줄로 인해, 또는 다니던 교회에서 마음이 상해 한번 들러본다든지, 대부분은 그런 이유로 옵니다. 기대감은 낮습니다. 그래서 이럴 때야말로 기회입니다.

그 작은 기대를 넘어서는 예배, 그 작은 방문을 은혜로 바꾸는 설교, 이것이 개척교회의 첫인상을 결정짓습니다. 예배의 분위기가 곧 교회의 첫인상이고, 그 중심에는 언제나 설교가 있습니다.

당신의 설교는 충분합니다

교회 성장에 있어서 설교만 언급하면, 가끔 찬양사역자들이 섭섭해하곤 합니다.
"왜 찬양보다 설교만 강조하시죠?"
너무 기분 나쁘게 듣지 마시기 바랍니다. 저의 강조는 현실적인 이유 때문입니다.
대부분의 개척교회는 찬양팀을 제대로 구성하기 어렵습니다. 대개 담임목사 혼자서 찬양 인도도 하고, 기도도 하고, 설교도 합니다. 피아노 한 대, 혹은 기타 한 대로 찬양하는 시간은 풀 세션이 갖춰진 찬양보다 상대적으로 제한적일 수밖에 없습니다.

그러나 설교는 다릅니다. 큰 교회든 작은 교회든, 결국 설교는 마이크 하나로 승부를 봅니다. 그렇기에 개척교회는 설교에서 승부를 걸어야 하고, 그 설교 안에 기대 없이 찾아온 이들을 은혜로 뒤집어 버리는 역사를 일으켜야 합니다.

혹시 설교가 어려우십니까? 설교를 잘 못 하십니까? 아닙니다. 당신은 충분히 할 수 있습니다.
우리가 전하는 복음은 은혜의 복음입니다. 그 자체로 은혜롭고, 충분하고, 완전하고, 감사할 수밖에 없는 메시지입니다.

제가 얼마나 고집 센 사람인지 아십니까? 그런 제가 하나님께 붙들려이 길을 걷고 있다면, 그 복음은 정말 위대한 복음 아닙니까?

하나님이 좋아서, 주님을 따르고 싶어서, 그래서 교회를 개척했다면, 그 복음이 당신의 설교 안에서 고스란히 전달되는 순간이 반드시 있어야 하지 않겠습니까?

극단적으로 말하면, 제대로 된 설교는 은혜롭지 않을 수가 없습니다. 물론, 설교를 준비하며 우리가 해야 할 노력들은 분명 존재합니다. 정확한 성경 주해, 본문 연구를 하고, 좋은 예화를 찾고, 구조를 짜고, 흐름을 만들고, 감동과 유머를 함께 담는 것도 중요합니다.

그러면 그렇게 준비하시면 됩니다. 시간을 투자하시기 바랍니다. 당신은 할 수 있습니다. 충분히 가능합니다.

그리고 한 가지, 설교를 준비할 때 마음속으로 각오하십시오.

"오늘 은혜로운 설교를 전할 수 없다면, 다시는 강단에 서지 않겠습니다."

모든 것을 포기할 각오로 말씀을 붙드십시오. 하나님은 반드시 그 설교를 사용하십니다.

중대형 교회는 설교를 망쳐도 괜찮습니다. 하지만 당신은 아닙니다

조심스러운 말씀이지만, 모든 중대형 교회의 설교가 은혜롭고 뛰어난 것은 아닙니다. 용서하고 읽어주시길 바랍니다. 때로는 정말 듣기 어려운 설교도 많습니다.

예를 들어, 중대형 교회를 섬기시는 목사님이 설교를 하시는데, 성도들이 힘들게 듣고 있습니다.

이후에는 어떻게 될까요? 긴급 당회가 소집될 것입니다. 그리고 당회에서 불만이 표출이 될 것입니다. 장로님들이 모여 담임목사님의 좋은 설교 준비를 위해 도서비를 인상해 줄 겁니다. 설교를 망치니 오히려 도서비가 상승하는 결론으로 당회는 마무리될 것입니다.

도서비를 올리려는 목적으로 설교를 망칠 수도 있겠다는 추측을 조심스럽게 해봅니다. 이것이 중대형 교회들의 여유입니다.

설교가 약하다고 교인이 떠나지는 않습니다. 헌금이 줄어들지도 않습니다. 어차피 그 교회에 설교 들으러 오는 것이 아니라, 아이들 교육이나 시스템, 네트워크 때문에 오는 분들도 많기 때문입니다.

설교의 타격감이 거의 '제로'인 곳. 그게 중대형 교회입니다.

하지만 개척교회는 다릅니다. 여기는 막 문을 연 한식당과 같습니다. 한번 맛이 이상하면, 다시는 오지 않습니다. 설교 한 번 어색하거나, 은혜가 없으면 그 교회를 두 번째로 찾을 일은 절대 없습니다.

그래서 개척교회는 설교에 목숨을 걸어야 합니다. 설교에 최선을 다해야 합니다.

저는 가끔 작은 교회 목사님들의 설교를 듣습니다. 그중에는 정말 감동적이고 훌륭한 설교들이 많습니다. 근처 대형 교회 목사님의 설교보다도 훨씬 은혜롭다고 느껴질 때도 있습니다.

팔이 안으로 굽어서 그런 것일까요? 제 귀가 너무 개척교회에 익숙해서 그런 걸까요? 하지만 분명히, 더 절실하고, 더 진실한 말씀이 들려올 때가 많습니다.

그런데 중요한 것은, 그래봐야 본전이라는 것입니다.
지금은 설교가 좋아서 교회가 성장하는 시대는 아닙니다. 하지만 설교가 좋지 않으면, 있는 성도도 떠나는 시대인 것은 분명합니다.
그러니 우리는 더욱 기도해야 하고, 더욱 매달려야 하며, 하나님께 설교를 받아내야 합니다.

개척교회는 '중증외상센터'입니다

설교와 예배가 좋아야 하는 또 하나의 중요한 이유가 있습니다. 그건 바로 개척교회가 영적 중증외상센터, 응급실 역할을 하기 때문입니다.

제가 다운타운에서 사역할 때에는, 거의 매주 한 명씩 새가족이 찾아왔습니다. 감사한 일이었습니다. 일 년 동안 새가족 한 명 없는 교회들도 많은데, 저희 교회는 분명히 하나님의 은혜가 있었던 것이죠.
하지만 그렇게 찾아온 분들 대부분은 교회를 처음 다닌 분들이 아니었습니다. 대형 교회에서 열심히 섬기다 마음이 지치고, 상처를 받고, 잠시 쉬어가고 싶은 마음으로 찾아온 분들이었습니다.

그런 이들이 교회에 들어오면, 저는 마음속으로 대화합니다.

'지금 온 저분은 계속 다닐 분인가, 잠시 왔다 떠날 분인가?'

대개는 얼굴만 보면 파악이 됩니다. 관상 해석력이 날로 늘어갑니다. 개척교회 담임목사는 왠만한 점집보다 관상 정확도가 높을 때도 있습니다. 농담입니다.

그리고 이런 마음으로 기도합니다.

"하나님, 오늘도 지쳐서 쓰러져 이곳에 온 저 영혼이 이 예배를 통해 회복되게 해주십시오."

"우리 교회 안 다녀도 됩니다. 저 영혼 일단은 살려 주세요."

그리고 나면 길면 한 달, 짧으면 한두 주 안에 찾아와 인사를 합니다.

"목사님, 감사합니다. 설교를 통해 많이 회복됐습니다. 이제 다시 원래 교회로 돌아가 그 자리를 잘 섬기겠습니다."

처음엔 기분이 묘했습니다. 리더들과 커피를 마시며 "은혜는 우리한테 받고, 일은 자기 교회 가서 하네"라고 농담도 했습니다.

하지만 점점 기분이 좋아졌습니다. 하나님이 사랑하시는 한 영혼이 회복되었기 때문이고, 그것이 바로 개척교회가 감당해야 할 응급실 사역이기 때문입니다.

정리

개척교회에 오는 성도들 중, 상처 없이 오는 사람은 거의 없습니다. 다들 어딘가에서 떨어져 나와서, 흠집이 나고, 마음이 무너진 채로 오게 됩니다.

그래서 개척교회는 응급실입니다. 정기환자가 아니라, 응급환자를 위한 공간입니다. 누가 오든 받아야 하고, 어떤 상태든 살려야 합니다.

그 환자가 나중에 고마워할지, 등록을 할지, 헌금을 할지는 모릅니다. 그러나 우리는 먼저 수술부터 해야 합니다. 먼저 살려내야 합니다. 회복시켜야 합니다.

하나님은 그런 역할을 감당할 사람을 찾으시고, 그래서 당신을 개척교회의 목회자로 부르셨는지도 모릅니다.

살리는 일은 쉽지 않습니다. 그렇기 때문에 설교가 좋아야 합니다. 그저 괜찮은 정도가 아니라, 특별히 좋아야 합니다. 깊고, 뜨겁고, 무릎을 꿇게 만들고, 죽은 영혼도 살려내는 말씀이어야 합니다.

그리고 저는 믿습니다. 당신은 충분히 가능합니다.
하나님께서 설교에 기름 부으실 것입니다. 하나님께서 예배에 은혜를 더하실 것입니다.
그리고 하나님께서, 당신을 통해 교회를 세워가실 것입니다.

실천 질문

1. 당신이 가장 은혜받는 설교자는 누구입니까? 중요한 건 세상이 최고라 하는 설교자가 아닙니다. 당신이 최고라 여기는 설교자여야 합니

다. 이름 없는 설교자라도 좋습니다. 당신이 은혜받았고, 감동받았고, 따라가고 싶은 설교자라면 그가 당신의 영적 스승이 될 수 있습니다. 최소 3명의 설교자를 정하고, 그들의 설교를 깊이 듣고, 구조를 분석하고, 기도하며 흡수해 보십시오.

2. 개척 목회자는 시간이 많지 않습니다. 오히려 더 적을 수 있습니다. 짧은 시간에 깊은 설교를 준비하기 위해서는, 평소의 묵상과 독서가 반드시 필요합니다. 하루 중 언제 묵상하고, 언제 읽고, 언제 메모할 것인지 당신만의 '설교 준비 루틴'을 만들어 보십시오. 훌륭한 설교는 하루 전날이 아니라, 매일의 삶 속에서 준비되는 것입니다.

5장

한 사람 — 결코 한 명이 아니다

2014년 미국 세리토스선교교회 청년부 부목사로 부임하였습니다. 당시 담임목사님께서는 이렇게 말씀하셨습니다.

"아직 청년은 없지만, 청년이 많은 교회를 세우고 싶어서 청년부 목사를 먼저 모셨습니다."

한 마디로 청년이 없는 청년부에 부임하게 된 셈이었지요.

한국에서 대형교회 청년부를 섬기다 왔던 제게는 새로운 경험이었습니다. '할 수 있다', '하면 된다', '해 보자'라는 심정으로 전도지를 챙겨 들고 교회 인근 대학 캠퍼스로 전도하러 다니기 시작했습니다.

그로부터 몇 주 후, 어느 주일 아침, 한국에서 한 공동체에 있었던 청년으로부터 연락이 왔습니다. 그 친구는 LA로 인턴십을 오게 되었고, 제가 사역하는 교회에서 예배를 드리고 싶다고 했습니다. 너무 반가워서 직접 차를 몰고 픽업을 갔고, 예배를 드렸고, 다음 주에도 함께 예배드리자고 약속했습니다.

청년이 한 명도 없던 공동체에 찾아온 단 한 사람. 그 존재만으로도 저에겐 큰 위로와 소망이 되었습니다.

며칠 후, 그 친구에게 다시 연락이 왔습니다.
"목사님, 친구 몇 명을 더 데려가도 될까요?"
물론 흔쾌히 허락했죠. 그러자 그는 말했습니다.
"저희가 총 여섯 명이에요. 큰 차를 보내주실 수 있나요?"

이게 웬일입니까? 주일이 되어, 여섯 명의 청년들이 교회에 왔습니다. 한 주 만에 600%의 부흥이 일어난 순간이었습니다.

그 친구들은 3개월 동안 성실하게 예배에 참석했고, 그들이 예배당에 함께 앉아 있는 모습은 다른 방문자들에게도 영향을 주었습니다.

그 결과, 교회를 방문하는 청년들의 정착률이 높아졌고, 이내 청년부는 10명, 20명, 그리고 마침내 30명으로 부흥하게 되었습니다.

그때 저는 비로소 깨달았습니다. 한 사람은 결코 한 명이 아니라는 사실을.

전도가 어려운 사람? 전도가 쉬운 사람!

대학생 시절, 저는 호주 브리즈번에서 3개월 정도 지낸 적이 있습니다. 당시 외삼촌께서 교회를 개척하고 계셨고, 저는 그 사역을 짧게나마 도와드리고 싶어 그곳을 찾았습니다.

거기엔 한 청년이 있었습니다. 한국에서 영어 공부를 하러 온 유학생이었습니다. 그런데 외삼촌이 교회를 개척하고 있다는 소식을 듣고, 자기도 도와보고 싶다며 교회를 방문했고, 사람이 너무 적은 것 같다면서 이렇게 말했습니다.

"친구들 좀 데려와도 돼요?"

그 친구들 중에는 교회를 한 번도 가본 적이 없는 아이들도 있었고, 본인이 직접 표현하기를 "다 날라리들"이라고 했습니다.

하지만 외삼촌은 흔쾌히 허락하셨습니다.

"어떤 친구든 괜찮다. 같이 와서 예배드리자."

그리고 놀랍게도, 그 청년은 매주 10명 넘는 친구들을 데리고 교회에 왔습니다.

어떨 땐 "밥 먹자"고 불러내서, 보내준 주소가 교회였던 적도 있었다고 합니다.

친구들이 황당해하면, "여기서 교회 밥 먹으면 되잖아" 혹은 "싫으면 그냥 가든가" 하며 반협박에 가까운 방식을 취했다고 합니다. 그리고 그 청년의 그러한 움직임은 개척 초기의 교회에 정말 큰 활력이 되었습니다.

한 사람이 교회에 찾아옵니다.
하지만 우리는 그 사람을 '한 사람'으로만 봐서는 안 됩니다.
그 사람은 다섯 명, 일곱 명, 열 명을 데려올 수 있는 전도의 통로일 수 있습니다.

지금까지 목회를 하면서 늘 느낍니다.
어떤 성도는 지인을 교회로 데려오는 일이 너무나 쉽고 자연스럽습니다. 반면에 어떤 성도는, 그 일이 죽을 만큼 어려운 일입니다.

물론, 어렵다고 말하는 분들을 충분히 이해합니다. 하지만 그 반대의 사람들이 있고, 그들을 적극 활용해야 합니다.
전도가 쉬운 사람들, 누워서 떡 먹듯이 친구를 초대하는 성도들, 그들이 교회에 있다면 반드시 그들을 통해 공동체가 성장할 수 있는 전략을 세워야 합니다.

사람들은, 우리가 흔히 하는 말처럼, "친구 따라 강남 간다"는 원리로 움직입니다. 즉, "아는 사람 따라 교회에 옵니다". 그리고 그 관계는 단순한 수평 확장에서 끝나지 않습니다.

한 사람을 통해 신앙이 연결되고,
이야기와 공감이 형성되며,
공동체가 세워지는 것.
이것이야말로 개척교회의 진짜 성장 방식입니다.

앞서 제가 강조했던 것처럼, 물론 교회의 위치와 장소는 중요합니다. 하지만 결국 사람은 관계로 움직입니다.

좋은 입지는 교회를 '찾아오기 쉽게' 만들어 줄 뿐입니다. 그 공간을 채우는 것은 결국 사람이고, 그 사람을 이끄는 것은 언제나 또 다른 사람, 바로 관계입니다.

교회는 사람 보러 가는 곳입니다

전도에 대해 조금 더 설명을 덧붙여 보겠습니다.

우리는 종종, 어떻게 하면 한 사람을 교회로 초대할 수 있을지 고민합니다. 그 시작은 교회에 대한 인식이 바뀌는 데서부터 시작되어야 합니다.

어떤 인식일까요? 바로 이것입니다. "교회는 사람 보러 가는 곳이다."라는 인식입니다.

많은 설교자들이 이렇게 말하곤 합니다.

"교회는 하나님을 보러 가는 곳이지, 사람을 보러 가는 곳이 아닙니다."

이 말은 주로 교회 내에 '섭섭함'이 많을 때, 서로 삐지고 마음 상해 있는 교인들을 중재할 때, 자주 사용되는 문장일 때가 있습니다.

혹시 이 말을 자주 들어보셨다면, 그만큼 신앙생활 중에 '사람 때문에 힘들어했던 경험'이 많은 환경에서 신앙 생활을 하셨다는 의미이기도 합니다.

"교회는 하나님 보러 가는 곳이지, 사람 보러 가는 곳이 아니다."

이 말을 우리는 맹목적으로 수용합니다.

하지만 저는 이 말이 절반만 맞고 절반은 틀렸다고 생각합니다. 왜냐하면, 교회는 하나님도 보러 오고, 사람도 보러 오는 곳이기 때문입니다.

하나님을 보겠다는 목적만으로 교회를 찾아오는 것이라면, 굳이 특정 교회, 특정 장소에 올 필요가 없습니다. 유튜브 예배도 있고, 조용한 방에서 찬양하고 말씀을 읽으며 하나님을 얼마든지 만날 수 있습니다. 지도를 펴고 가장 가까운 교회 찾아가시면 됩니다. 왜냐하면 하나님의 성전은 우리 각 사람 자신이며, 하나님은 우리 안에 계시기 때문입니다.

하지만 '몸으로서의 교회', '공동체로서의 교회'는 분명히 다릅니다. 하나님도 보지만 동시에 사람 만나러 오는 곳입니다.
교회는 사람이 사람을 만나기 위해 오는 곳이고, 사람이 또 다른 사람에게 인도되어 오는 곳이며, 그 안에서 관계가 엮이고, 이야기가 시작되고, 믿음이 흘러가는 공간입니다.

이처럼 교회는 하나님도 보러 가고, 사람도 보러 가는 곳입니다. 그리고 그 두 마리 토끼를 함께 잡을 수 있어야 생명력 있는 공동체가 세워질 수 있습니다.

그러므로 교회에는 매력적인 사람들이 많아야 합니다. 그 '매력'이란 단지 외적인 것이 아니라, 따뜻함과 진심, 그리고 하나님을 닮은 인격입니다.

우연히 방문한 교회에서, 교회 안의 성도들을 통해서 그런 매력을 느낄 수 있다면, 그 교회는 앞으로 성장할 수 있는 큰 가능성을 가진 교회입니다. 사람은 결국 사람을 보고 마음을 엽니다. 그때 그 사람은 또 다른 사람을 초대할 수 있습니다. 이것이 바로 관계 전도의 시작입니다. 그리고, 개척교회의 효과적인 성장 방식이기도 합니다.

사람은 중심이 아니라 외모를 봅니다

"사람은 외모를 보지만, 여호와는 중심을 보신다."
사무엘상 16장에 나오는 말씀입니다. 우리는 이 구절을 듣고 "중심이 중요하다"고 가르치지만, 그 말씀을 곱씹어보면 이런 뜻도 됩니다.
"사람은 절대 중심을 못 보고, 외모만 본다."
그래서 외적인 모습도 결코 가볍게 여길 수 없습니다.

교회가 작을수록 분위기와 보이는 거에 더욱 신경을 써야 합니다. 너무 없어 보여도 안 되고, 반대로 너무 있어 보여도 부담스럽습니다. 그럼 어떻게 해야 할까요?

장의자를 바꾸는 일?
강대상을 교체하는 일?
헌금 봉투를 새롭게 디자인하는 일? 아닙니다.
그런 것들, 지금은 굳이 바꾸지 않으셔도 됩니다.
단 한 가지, 개척교회 목사님이 멋있어지시면 됩니다.
내면이 멋있어지는 데는 꽤 오랜 시간이 필요합니다만, 외모는 짧은 시간 안에 충분히 호감 있게 바뀔 수 있습니다.

사람은 사람을 끌어당기는 힘이 있습니다. 가장 먼저는, 성도 한 사람이 목사님을 보러 교회에 오게 하십시오. 그리고 곧, 그 성도를 보러 오는 또 다른 사람이 생길 것입니다. 그렇게 시작된 관계는 점점 넓어지고, 확장되기 시작할 것입니다.

매력적인 목회자 한 명이, 매력적인 성도 한 명과 연결됩니다. 그 성도는 매력적인 소그룹을 세우고, 그 소그룹은 건강한 공동체로 이어질 것입니다.
다시 한 번 강조합니다. 한 사람은 결코 한 명이 아닙니다.

정리

저는 서울 왕성교회에서 8년간 부교역자로 섬겼습니다. 그때 길자연 담임목사님께서 하셨던 말씀이 지금도 기억에 남습니다.
"신앙은 신본주의로 하고, 목회는 인본주의로 하라."
처음 이 말을 들었을 땐 혼란스러웠습니다. 신학생 시절 내내 인본주의는 항상 '주의해야 할 사상'이었기 때문입니다.
하지만 실제 목회를 해보니, 그 말씀이 점점 더 깊이 와닿습니다. 목회는 하나님을 향하기도 하고, 또 사람을 향하기도 해야 합니다.

한 영혼을 귀하게 여기고, 그 영혼을 백 명처럼, 천 명처럼 여기며 섬기는 것, 그게 바로 목회의 본질입니다. 그래서 저는 이렇게 표현하고 싶습니다.

개척교회는 '고객 중심'으로 목회해야 합니다.

그만큼 한 사람을 깊이 이해하고, 존중하고, 최선을 다해 섬겨야 한다는 의미입니다.

한 영혼을 제쳐두고 "주님만 보겠다"고 말하는 자세는 내 신앙은 깊어질지 몰라도, 교회에 사람을 늘어나게 하지는 못할 것입니다.

한 사람을 천 명처럼, 만 명처럼 생각하십시오. 그리고 그 한 사람에게 다가가십시오. 당신의 교회가 조 말론(Jo Malone) 향수보다도 아름다운 향기가 나게 하시고, 매력적인 교회가 되게 하십시오. 은혜의 향기, 사람의 향기, 그리고 그리스도의 향기가 어우러지는 교회 말입니다.

실천 질문

1. 당신은 한 사람을 몇으로 보고 있습니까? 하나님은 아브라함을 부르시면서 민족을 보셨고, 나라를 보셨고, 족속을 보셨습니다. 이제 하나님의 시선으로 한 영혼을 바라보십시오. 한 사람 속에 열방이 보이기 시작할 것입니다.

2. 매력적인 교회가 되기 위해 당신은 무엇을 할 수 있습니까? 결국, 그 시작은 담임목사인 당신 자신입니다. 오늘 하루, 당신을 보러 누군가 교회에 올 수 있도록 만들어 보십시오.

6장

생활력 — 이중직은 현실이자 대안이다

이번 장에서 이야기하려는 '생활력'은 목회자의 개인 재정과 생계에 대한 이야기입니다.

먼저 조금 충격적인 사실부터 말씀드려야 할 것 같습니다. 개척교회는 담임목사의 생계를 책임질 수 없습니다. 만약 교회가 담임목사에게 고정적으로 사례비를 지출하기 시작했다면, 그 교회는 이미 개척교회가 아닐 수도 있습니다.

이 글을 읽고 계신 목회자 여러분께, 먼저 양해의 말씀을 드립니다. 저도 목회자입니다. 그렇기에 감히 이런 말씀을 드릴 수 있는 것입니다.

개척교회에서 담임목사에게 고정 지출을 약속하는 구조는, 오히려 개척교회에 큰 부담으로 작용하게 됩니다.

죄송한 말씀이지만, 교회가 개척 이후 5년을 버틸 수 있는 유일한 길은, 담임목사가 스스로 희생하는 구조에서 출발하는 것입니다.

그렇다면 당연히 이런 질문이 따라오겠죠.
"그러면 담임목사는 어떻게 먹고삽니까?"
좋은 질문입니다. 답은 단순합니다.
"일을 하셔야 합니다."

그리고 그 일에 대해서, 교회 구성원 그 누구도 손가락질할 수 없습니다. 또 그래서도 안 됩니다. 물론, 조금의 사례도 받지 말라는 말은 아닙니다. 다만, 앞서 말한 것처럼 '고정 지출'로 사례를 받지 말라는 것입니다.

개척교회의 재정은 변동성이 매우 큽니다. 그런 상황에서 담임목사가 자신의 사례비를 우선 확보하고 나면, 남은 재정으로는 사역이 제대로 굴러가기가 어려워집니다.

예를 들어, 다음 달에 교회에 건반이 필요하게 되었다고 해 봅시다. 스피커가 고장 났습니다. 주일 점심 식사비가 빠듯합니다. 헌금은 줄어듭니다.

그럴 때 해결책은 단 하나입니다. 담임목사가 자신의 사례비를 줄이는 수밖에 없습니다. 교회가 계속 운영될 수 있도록 자기가 먼저 부담을 져야 합니다.

분립개척의 경우도 마찬가지입니다. 대개는 모교회로부터 몇 년간 사례비 지원을 받는 것이 일반적입니다. 하지만 교회에는 변수가 생깁니다.
그럴 때에도 담임목사는 희생적으로 자신이 받은 사례비 일부를 헌금으로 돌리거나, 교회 재정에 보탤 수 있어야 합니다. 이것이 바로 자립을 향한 책임감의 첫걸음입니다.

제가 생각하는 개척교회 담임목사의 적정 사례 수준은, 대형교회의 파트타임 사례비 정도입니다. 나머지 필요한 생계는 스스로 일하면서 감당해야 합니다. 그래야 훗날 예상치 못한 재정의 위기, 변동성의 시즌이 닥쳐올 때에도 견뎌낼 수 있는 내공과 구조를 갖추게 됩니다.

그리고 그때 우리는 깨닫게 됩니다.

이중직은 단지 생계를 위한 '차선'이 아니라, 사역을 지속하기 위한 '지혜'이자 '헌신'이라는 것을.

목회자가 일을 하면 좋은 점

목회자가 일을 하면 좋은 점이 몇 가지 있습니다.

첫째, 교회의 재정적 부담을 줄일 수 있습니다.

개척 초반에는 생각보다 '돈 들어갈 일'이 많습니다. 사실, 개척을 해보면 결국 모든 것이 돈이라는 걸 깨닫게 됩니다. 부교역자 시절에는 아무렇지 않게 쓰던 것들이, 이제는 모두 지출로 잡히기 시작합니다. 방송실에서 어질러진 마이크 라인을 일 년에 한 번씩 버릴 땐 아무 생각이 없었지만, 개척을 하면 그 마이크 라인 하나하나가 돈입니다. 성도들이 마실 종이컵 하나조차도 "아, 이것도 돈이구나" 싶습니다.

개척교회는 생각보다 지출이 많습니다. 그래서 목회자가 할 수 있다면, 재정 부담을 조금이라도 줄이기 위한 현실적 방법이 바로 일을 하는 것입니다. 다른 대안이 거의 없습니다.

둘째, 믿지 않으시겠지만, 경제적 자유를 향한 기회가 생깁니다.

대개 개척교회 목회자들의 이미지는 가난하고, 어렵고, 힘들어야 된다고 생각합니다. 그러나 그게 아닐 수 있다는 것이 저의 논리입니다.

기성 교회에서 사역을 하면 개척보다 더 안정된 사례비를 받을 수 있습니다. 하지만 개척교회 목회자에게는, 기성 교회 목회자들보다 더 큰 장점 하나가 있습니다.

바로 '시간의 자유'입니다.

물론, 이 말은 개척목회자가 사역을 적게 한다는 뜻이 아닙니다. 단순히, 시간에 덜 매여 있다는 뜻입니다. 새벽부터 밤까지 교회 시스템 안에서 움직이는 기성 교회와 달리, 개척교회 목회자는 그보다 자유로운 일정을 스스로 계획하고, 운영할 수 있습니다.

자유는 언제나 돈보다 값집니다. 자유를 잘 활용하면, 틀에 박힌 삶보다 훨씬 빠르게 경제적 자유를 향해 나아갈 수 있습니다.

실제로 저는 주변에서 작은 교회 목회자들이 그 자유를 바탕으로 일, 사업, 투자에 집중해서 경제적으로 자립한 사례들을 여러 보았습니다.

물론 반대의 경우도 있습니다. 작은 교회에, 생활은 막막하고, 아르바이트를 전전하면서 어려움을 겪는 분들도 있습니다.

하지만 그것은 어디까지나 개인의 역량의 차이입니다. 모든 목회자가 교회를 부흥시키지 못하는 것처럼, 모든 이가 경제적 자유를 성취할 수는 없습니다. 그럼에도 불구하고, 우리에게 '시간의 자유'라는 기회가 있다는 사실은 분명히 기억할 필요가 있습니다.

셋째, 세상을 배우게 됩니다.

저 역시 교회 안에서만 자란 사람입니다. 그러나 미국에 이민 오고 생계를 책임지게 되면서, 처음으로 아르바이트를 하게 되었습니다.

아르바이트를 한 그날 저녁, 수요예배에 갔습니다. 그런데 그날따라 예배에 참석한 성도님들이 참 대단하게 느껴졌습니다. 오전에 일하고, 저녁에 예배드리러 오는 것. 그게 얼마나 대단한 일인지 몸으로 알게 되었습니다.

피곤하지 않은 사람이 누가 있겠습니까?

쉬고 싶지 않은 사람이 누가 있겠습니까?

그런데 그걸 뚫고 예배당에 나오는 걸 보니, 웬만한 목회자들보다 더 믿음이 깊어 보였습니다.

이게 바로 세상을 배우는 일입니다.

세상을 배운다는 건, 곧 인간을 배우는 일입니다. 단돈 만 원 때문에, 십만 원 때문에 언성이 높아지고, 렌트비를 벌기 위해, 생활비를 마련하기 위해 죽을힘을 다해 일해야 하는 현실.

그 속에서 드러나는 인간의 비열함과 조급함, 총성 없는 경쟁 속에서 밀리면 곧장 추락하는 구조. 이 모든 것은 세상에서만 배울 수 있는 것들입니다.

교회 안의 메시지가 세상 속에서 힘을 발휘하기 위해선, 세상을 아는 목회자가 되어야 합니다. 기성교회의 설교는 때로는 '뜬구름 잡는 메시지'처럼 들릴 때가 있습니다. 물론 그것도 진리입니다. 복음입니다. 하지만 현실과 괴리된 말씀은 성도의 심령에 열매를 맺기 어렵습니다.

이 괴리감을 채우는 방법은 단 하나, 세상을 살아본, 세상을 아는 목회자가 그들과 같은 고통과 현실을 이해하며 복음을 전할 때입니다.

예를 들어,

사업하면서 거짓말을 하지 않는 것이 얼마나 어려운 일인지 알지만, 그래도 거짓말하지 말자고 설교하는 것.

세금을 다 내는 게 얼마나 힘든지 알지만, 그래도 내야 한다고 말하는 것.

고소하고 소송해서 상대방을 이기는 게 필요하지만, 참고 인내하자고 전하는 것.

이처럼 알고 전하는 것과, 모르고 전하는 것은 다른 것입니다.

현실을 아는 설교, 세상을 살아본 복음, 그것이 성도들의 삶에 실제로 닿을 수 있는 설교가 되는 것입니다. 그래서 저는 일하는 목회자, 세상과 교회를 동시에 아는 목회자의 역할이 앞으로 더욱 중요해진다고 확신합니다.

일하는 목회자, 개척교회의 유일무이한 대안

'일하는 목회자'를 우리는 흔히 이중직 목회자라고 부릅니다. 최근에는 이중직 목회가 미래 교회의 새로운 대안으로 주목받고 있습니다.

하지만 이중직은 미래의 새로운 대안이 아니라, 과거부터 존재했던 오래된 대안이었습니다.

그동안 많은 목회자들이 일을 하면서도 그것을 숨긴 채 사역을 해왔습니다. "목회자는 오직 교회만 섬겨야 한다"는 고정관념이 강했기 때문입니다.

그러나 이제는 시대가 달라졌습니다. 문화도, 인식도 성숙해졌습니다. 이제는 그것을 숨기지 않아도 되는 시대입니다. 오히려 이중직을 통해 사역의 지평이 확장되고 있다는 인식이 퍼져가고 있습니다.

저희 교회가 지금까지 8년을 버틸 수 있었던 가장 큰 이유 중 하나도 바로 이것입니다. 저는 개척 초기부터 직업을 가졌고, 지금까지 제 일을 놓지 않고 있습니다.

물론 일이 바쁘고, 에너지가 많이 소모되는 날엔 교회에 미안한 마음이 들기도 합니다. 그러나 저는 이 일을 단순한 생계 수단으로만 보지 않습니다. 일터 자체를 '사역의 현장'으로 인식하고 있습니다.

일터에서 만나는 영혼들을 위해 기도합니다.
그리스도의 마음으로 친절하게 대하려고 노력합니다.
기회가 주어지면 복음을 전하려 애씁니다.
일터 사역자로 부르심을 받았다는 정체성이 제게 큰 기쁨과 만족을 주고 있습니다.
그리고 그것이 저의 이중직 목회를 건강하게 만들어 주는 중요한 기반이기도 합니다.

정리

개척교회에는 재정의 어려움이 마치 떼려야 뗄 수 없는 혹처럼 따라다닙니다. 교회 재정이 바닥나서 사례비를 받지 못한 날도 있었고, 오히려 교회 밖에서 일한 수입으로 교회 렌트비를 충당해야 했던 적도 여러 번 있었습니다. 또 어떤 날은, 어려운 성도를 도와야 해서 담임목사인 제가 사례비를 포기해야 했던 순간들도 있었습니다. 이런 일이 반복되다 보면 목회자는 점점 무너지고 지쳐갑니다.

그 무너짐을 버텨내는 유일한 방법은 단 하나입니다. 교회에 기대지 않고, 목회자가 스스로 생활을 책임지는 것. 그것이 저의 유일한 해답이며, 앞으로 많은 개척교회 목회자가 추구해야 하는 모습입니다.

실천 질문

1. 모든 직업이 목회와 양립할 수 있는 것은 아닙니다. 이중직 목회자가 지향해야 할 직업은 어떤 것이고, 지양해야 할 직업은 무엇일까요?

2. 목회자가 일을 시작하는 순간, 삶의 리듬은 크게 달라집니다. 그 속에서도 영성을 유지하고, 매일 기도의 자리를 지키기 위해 당신은 어떤 삶의 루틴을 세워야 할까요?

7장

사표 쓰고 사역하라

찰스 스펄전(Charles H. Spurgeon) 목사님은 "만약 당신이 완전한 교회를 찾는다면, 거기에 들어가지 마십시오. 당신이 들어가는 순간 그 교회는 더 이상 완전하지 않을 테니까요."라고 종종 말했습니다.

그럼에도 우리는 종종 착각합니다. '우리는 괜찮다', '우리는 특별하다', '우리 공동체는 마음이 잘 맞는다'는 자기 확신에 빠지게 됩니다.

물론, 시작은 아름답습니다. 마음 맞는 사람끼리 개척을 시작했고, 새가족이 늘고, 분위기도 좋고, 한 가족처럼 따뜻한 공동체가 세워지는 것 같아 보입니다.

하지만 그 평화는 오래가지 않습니다. 교회란 곳은 '언제, 어디서, 무슨 일이 생길지 모르는 곳'이 아니라, '언제든지 반드시 무슨 일이 생기게 되어 있는 곳'이기 때문입니다.

이런 상황에서 담임목사의 역할은 분명합니다. 문제에 대해 판단하고, 결정을 내리는 것.

하지만 그 결정은 결코 모두를 만족시킬 수 없습니다. 언제나 다수와 소수 사이에서 긴장감이 흐르고, 그 사이에서 담임목사는 마음을 졸이며 사역을 하게 됩니다.

그럴 때 필요한 태도는 단 하나입니다.

"사표 쓰고 사역하라."

곧, 모든 책임을 지겠다는 심정으로, 하나님의 말씀대로, 신학대로 말하고 판단하라는 뜻입니다.

교회가 작을수록, 별것 아닌 일로 사라질 수 있습니다

작은 교회도 분쟁이 생기나요? 네, 충분히 생길 수 있습니다. 그럴 때 담임목사는 너무나 곤혹스러운 상황에 놓이게 됩니다. 누구의 손을 들어주자니, 반대편 성도님들이 눈에 밟히고, 가만히 있자니 교회 전체가 흔들립니다.

그럴 때 필요한 태도는 "사표를 가슴에 품고 사역하라"는 자세입니다. 쉽게 말해, 성경대로, 신학대로, 양심대로 판단하는 것. 그리고 그 판단에 대한 책임을 질 각오로 담대하게 말하는 것. 그것이 개척교회 목회자가 취할 수 있는 현명한 자세입니다.

만약 큰 교회에서 분쟁이 생긴다면 어떨까요?

문제의 원인을 제공한 사람을 징계하거나, 제외시키면 됩니다. 비록 당사자가 반발할지라도, 다수 속에서 그의 목소리는 변방의 북소리처럼 묻히고, 조용히 잊히게 될 것입니다. 그러면 교회는 아무 일 없었다는 듯 다시 굴러갑니다.

하지만 작은 교회는 전혀 다릅니다. 한두 사람의 목소리가 교회 전체를 흔듭니다.

실제로 저는 이런 장면을 수도 없이 보아왔습니다. 목회자가 한두 사람의 감정을 실수로 건드렸다가, 교회가 문을 닫는 지경까지 이른 경우도 많았습니다.

하지만 그럼에도 저는 감히 말씀드립니다. 작은 교회일수록 담임목사는, 사표를 품고서라도 성경대로, 신학대로, 양심대로 사역해야 합니다.

무엇보다 중요한 건, 신학적 기준, 성경적 원칙, 목회자의 양심입니다. 누구의 편을 들어주는 것이 아니라, 하나님의 기준을 따라 중심을 세우는 일입니다.

강하면 부러진다? 유연하게 해야 한다?

여러 선후배 목사님들과 이야기를 나누다 보면, 제 방식이 너무 강하다, 혹은 융통성이 부족하다고 하시는 분들이 계십니다.
그분들은 이렇게 말합니다.
"성도가 아무리 잘못했어도, 품고, 위로하고, 토닥이고, 함께 갈 수 있도록 돕는 것이 목사의 역할이다."
"그게 바로 한 영혼을 소중히 여기신 예수님을 닮는 목회 아니냐."

맞는 말입니다. 저도 잘 알고 있습니다. 그리고 저 역시 그 의미를 모르지 않습니다.
하지만 목회자는 단순한 위로자가 아닙니다. 영적인 방향을 제시하는 사람, 곧 진리를 가르치는 사람입니다.

어떤 상황이든, 어떤 분쟁이든, 거기에 해당하는 성경 말씀과 진리는 존재합니다. 그리고 진리는 언제나 이분법적입니다. 흑백이 갈립니다. 옳고 그름이 구분됩니다.

답이 나와 있는데, 충격 완화를 위해 애매한 태도를 취하는 담임목사의 결정은 공동체를 더 큰 혼란에 빠뜨릴 수 있습니다.

인간은 감정의 존재들입니다. 중간에서 목회자의 부드러운 역할을 통해 일시적 분쟁이 잠시나마 해소될 수 있습니다.

그러나 곧 재발합니다. 이전에 해결되지 않은 미제 사건들이 부메랑처럼 되돌아옵니다. 결국 원점이 되고 마는 상황을 초래할 수 있습니다.

따라서 담임목사는 진리에 비추어 문제를 바라볼 수 있어야 합니다. 그리고 때로는 정말 가깝고 친한 성도가 불편함을 느낄지라도, 성경의 가르침을 전해야 합니다. 심지어, 그 성도가 그 말에 상처를 입고 다음 주부터 교회에 나오지 않는다 하더라도, 그것이 성경적 진리라면 전해야 합니다.

왜냐하면, 목사가 진리를 말하지 않을 때, 성도들은 더 이상 그를 목사로 인정하지 않기 때문입니다. 그건 어쩌면, '사표를 내고 사역하는 것'보다도 더 위험하고, 더 비참한 일일 수 있습니다.

회생 가능성은 어디에서 오는가?

개척교회 담임목사가 옳은 판단을 하다가 불이익을 당할 수도 있습니다. 대표적인 경우는 이런 것입니다:

- 문제를 일으킨 성도가 "교회가 여기밖에 없는 줄 알아?"라며 교회를 떠나는 일.

- 성도들이 힘을 모아 목사를 쫓아내려는 움직임.

최악의 시나리오는, 목회자가 결국 교회를 사임하게 되는 경우일 것입니다.

하지만, 그 사임이 '성경대로, 신학대로 말했기 때문'이라면, 그 목회자는 반드시 회복될 수 있습니다. 다시 기회가 오고, 다시 사역의 문이 열릴 수 있습니다. 담임목사를 따라나서는 성도들도 생길 것입니다. 왜냐하면, 진리 위에 선 사역은 결코 헛되지 않기 때문입니다.

반면, 이 사람 눈치 보고, 저 사람 마음 달래고, 양쪽 다 위로하며 외줄 타듯 균형만 잡으려 하다 보면, 명분도 잃고, 실리도 잃고, 무엇보다 가장 먼저 신뢰를 잃게 됩니다.

그래서 저는 다시 한번 강조합니다.
목사는 사표를 품고 사역해야 합니다.
영혼들을 향해 한없이 부드럽고, 착하고, 양보할지라도 교회 안의 문제들 앞에서는 단호하게, 담대하게. 성경대로, 신학대로, 양심대로 판단해야 합니다. 그때 비로소 하나님이 책임지시는 사역이 시작됩니다.

사랑하기 때문에 이야기할 수 있는 것입니다

저희 교회도 수많은 어려움을 겪어 왔습니다. 사소한 갈등부터, 중대한 위기까지. 어느 하나 쉬운 일이 없었습니다. 그러나 그 모든 상황 속에서도, 저는 늘 부족하지만 성경대로, 교리대로 가르치려 노력했습니다.

왜 그랬을까요? 사랑하기 때문입니다.

목회를 하다 보면, 목사를 따라 개척까지 함께한, 평생에 고마운 마음이 큰, 정말 가족 같은 성도에게 쓴소리를 해야 할 순간이 옵니다.

아. 그보다 더 고통스러운 일이 있을까요?
저는 생각합니다. 오늘이 그 성도와 나누는 마지막 상담이 될지라도, 바른 것을 전해야 한다. 그게 목사의 역할이며, 진정으로 사랑하기 때문에 해야 하는 일입니다.

더 당황스러운 사건은 어떤 경우인지 아십니까?
예전에 교회를 떠나는 인원이 생겼을 때, 그런 소문을 미리 듣고 움직이는 성도들을 낚아채듯 데려가려는 주변 목회자들도 있었습니다.
상상이 되십니까? 저는 사랑으로 권면하고 가르쳤지만, 누군가는 포용을 앞세워 그들에게 접근하고 있다는 것입니다. 목회 예절이라고는 찾아볼 수 없는 환경이 우리가 지금 서 있는 목회 환경이라고 보시면 되겠습니다.
그렇기에 아무리 사랑으로 권면하고 가르쳐도 손해는 결국 목사가 보게 되는 것입니다. 그럴 바에는 차라리 덮고, 품고, 감싸 주는 것이 현명해 보입니다. 이런 환경에서는 어떤 교육도, 영적 성장도 이루어지기 어렵기 때문입니다.

하지만 그것은 정말 목회자가 사랑하는 그 성도를 진정으로 위함이 아닙니다.

불편한 관계에 놓일지라도, 당장 교회를 떠날지라도, 다시는 못 보는 관계가 될지라도. 올바른 것을 전해 줄 수 있어야 합니다. 그래야 다른 곳에 가서라도 제대로 된 신앙을 할 수 있지 않겠습니까?

따라서 강단 있는 목회, 바른 가르침을 붙드는 사역을 해야 한다고 믿습니다.

정리

성도 한 명, 두 명이 떠날 때마다 목사의 가슴은 찢어집니다. 밤에 잠이 오지 않습니다. 그러나 그럴 때일수록 남아 있는 성도들을 바라봐야 합니다. 그리고 남아 있는 이들조차 없다면, 주님을 바라보아야 합니다.

목사의 결정, 목사의 방식, 목회의 방향이 옳다고 믿고 자리를 지켜주는 성도들, 그들을 바라보며 다시 힘을 얻을 수 있습니다. 그러면 우리는 다시 일어설 수 있습니다. 그리고 하나님은 그 남은 자들을 통해 교회를 다시 굳건히 세우시기도 하십니다.

그러니, 언제나 사표를 품고 사역하는 마음으로, 끝까지 하나님의 기준대로 목회하는 개척교회 목회자가 되어야 합니다.

실천 질문

1. 교회 안에서 바른 말을 해야 할 상황에서, 침묵하거나 애매하게 넘어간 적이 있으신가요? 그때 왜 그렇게 판단했는지, 지금 돌아보면 그

선택은 어떤 결과를 낳았나요?

2. 지금 당신 곁에 있는 성도 중, 진리를 말해줘야 한다고 느끼는 사람이 있다면, 어떤 태도로 어떻게 말할 수 있을까요? 그리고 그 말을 듣지 않더라도, 그 성도를 여전히 사랑할 수 있습니까?

3. '남아 있는 성도'를 어떻게 바라보십니까? 당신의 목회 방향과 결정을 지지하며 함께 남아 준 성도들에게 이번 주 안에 실천할 수 있는 감사의 표현 한 가지를 정해 보십시오.

8장

청빙을 돌같이 보고, 개척에만 집중하라

제가 개척했다는 소문이 퍼졌을 무렵, 한 선배 목회자에게서 연락이 왔습니다. 전화를 받자마자 들려온 첫 마디는, "왜 개척했어?"라는 질문이었습니다. 그 말에는 뉘앙스가 있었습니다.
"너는 개척할 스타일이 아닌데, 뭔 꿍꿍이가 있지?"
그런 뜻이었죠.

허물없던 선배는 제게 이렇게 말했습니다.
"너는 순수하게 개척할 인물이 아니야. 개척을 발판 삼아서 큰 교회 청빙을 노리는 거지?"
솔직히 말하자면, 그는 아주 정확하게 본 셈입니다. 저는 그런 목회자에 더 가까웠습니다.

저는 그것이 꼭 나쁜 것만은 아니라고 생각합니다. 인간 내면에 있는 '욕심'을, 모두가 인정하는 '욕구'로 볼 것이냐, 아니면 성경이 말하는 '탐욕'으로 볼 것이냐에 따라 이 문제에 대한 해석은 달라질 수 있습니다.

예를 들어, "천 원이 좋습니까? 만 원이 좋습니까?" 하고 물으면 대부분은 만 원을 선택할 것입니다. '교통 불편한 외곽의 나 홀로 아파트'와 '한강이 보이는 넓은 새 아파트' 중에서 고르라고 하면, 대부분은 후자를 택할 것입니다.
이러한 선택은 탐욕입니까, 욕구입니까? 우리는 대개 욕구로 받아들이고, 상식이라 부릅니다.

더 잘되고 싶은 마음,
더 좋은 것을 먹고 싶은 마음,
더 좋은 곳에서 자고 싶은 마음,
더 멋진 곳을 여행하고 싶은 마음.
이 모든 것은 인간 안에 자연스럽게 존재하는 기본적인 욕구입니다.

그렇다면 목회자 역시 "더 나은 사역지로 가고 싶다"는 마음을 갖는 것도 어떻게 보면 자연스러운 일입니다. 성도들 가운데는 실망하는 분들도 계실 것입니다.
그런데 목사도 사람입니다. 욕구가 발동되면, 사람의 시야는 달라집니다. 이미 마음이 향해버린 곳을 막을 방법은 사실상 없습니다.

성도가 더 나은 교회를 찾아 떠나는 것을 붙잡을 수 없는 것처럼, 목회자 역시 더 나은 사역지를 향해 나아가는 것을 완전히 막기는 어렵습니다. 사람의 마음은 그렇게 작동하기 때문입니다.

개척이 청빙보다 더 좋을 수 있습니다

앞서 '욕구'로 이야기를 시작했으니, 계속해서 그 맥락으로 설명을 이어가 보겠습니다.

결론부터 말씀드리자면, 욕구의 측면에서도 개척이 청빙보다 더 좋을 수 있습니다.

사실 목회는 어디든 힘듭니다.
크든 작든, 힘들지 않은 목회지는 없습니다.
다만 그 힘듦의 내용과 방향이 다를 뿐입니다.

중대형 교회는 어떤가요? 말 그대로 엄청난 스트레스가 따릅니다. 특히 '성장'이라는 압박이 큽니다. 교회가 일정 규모 이상이 되면, 더 큰 사역, 더 많은 사람, 더 넓은 시설, 더 빠른 확장을 목회자는 요구받습니다. 이게 현실입니다.

게다가 교회 건물이 은행 대출이라도 껴있다면 어떨까요? 처음엔 좋아 보여 청빙을 받아 갔지만, 막상 현실을 마주하면 인생 고달파집니다.
본인이 앞장서서 목회를 하지만, 그 자리는 수억 원, 수십억 원의 빚을 감당해야 하는 자리가 됩니다. 그 부담은 이루 말할 수 없습니다. 밤잠을 설치며 책임의 무게를 견뎌야 하는 목회자들이 수두룩합니다.
호수 위를 유유히 떠다니는 오리처럼 보이지만, 수면 아래에서는 쉴 새 없이 발을 굴러야 하는 삶이라고 보시면 됩니다.

그렇다면 개척교회는 어떨까요?

물론 쉽지는 않습니다. 하지만 그 힘듦의 종류가 다릅니다.

작은 교회는 재정적인 스트레스, 그리고 관계의 갈등과 오해에서 오는 스트레스가 대부분입니다. 그러나 '성장의 압박'에서는 상대적으로 자유롭습니다. 그리고 신기하게도, 주변에서 도와주려는 손길들이 종종 나타납니다.

한번 생각해 보십시오. 당신이 헌금을 하려고 할 때, 어디에 하고 싶으십니까?

이미 커진 교회? 빚을 갚아야 하는 화려한 예배당?

아니면, 작고 연약하지만 하나님 나라를 위해 몸부림치는 개척교회?

대부분은 개척교회에 도움을 주고 싶어 합니다. 이처럼 개척교회는 작지만, 돕는 손길들이 이어지고 오히려 더 따뜻하고, 더 본질적인 목회를 경험할 수 있는 귀한 장점이 있습니다.

또 중대형 교회는 종종 '중직자 목회', 혹은 '교역자 관리 목회'가 되기 쉽습니다.

슬프지만 중직자는 중직자 편입니다.

슬프지만 부교역자는 부교역자들 편입니다.

슬프지만 담임목사는 늘 외롭습니다.

슬프지만 그 속에서 사회성과 인간성은 점점 소모됩니다.

반면, 개척교회는 관계 중심적 목회입니다. 새로 오는 성도 한 사람, 한 사람을 직접 만나고, 이야기를 듣고, 삶을 나눕니다. 매주 처음 오는 분들이 있다면, 매주 새로운 소개팅을 하는 셈이죠. 목회가 흥미롭고, 생생하게 살아 움직이는 현장입니다.

죄송합니다. 편파적으로 설명을 드렸습니다. 다만, 개척이 결코 나쁜 선택이 아니며, 때로는 청빙보다 훨씬 나은 길이 될 수도 있다는 점을 강조하고 싶습니다.

그것이 사실이기에, 저처럼 속물적인 사람도 8년간 개척 목회를 이어올 수 있었습니다.

적어도 5년은 한눈팔지 마십시오

저는 목회의 한 사이클을 5년이라고 생각합니다. 3년은 너무 짧습니다. 적어도 5년을 한 텀으로 여기고, 그 기간 동안 어떤 형태로든 열매를 내는 것이 중요합니다.

혹시 5년이 지나도록 별다른 열매가 없고, 진지하게 '이 길이 아닌가?'라는 의문이 든다면, 그땐 개척을 멈추는 것도 하나의 선택 사항일 수 있습니다. 하지만 이미 개척을 시작하셨다면, 적어도 5년은 절대로 한눈팔지 않고 개척에 집중하셔야 합니다.

그 이유는 간단합니다. 당신의 개척이 잘될 수 있기 때문입니다. 사실,

제가 이 책을 쓰고 있는 이유도 바로 그 가능성을 믿고 있기 때문입니다. 당신의 개척이 잘되기를 바라는 마음, 기도하는 마음으로 글을 쓰고 있습니다.

앞서 소개한 여러 전략과 원칙들을 잘 적용하신다면, 5년 안에 의미 있는 열매를 맺을 수 있습니다.

좀 더 구체적으로 말씀드리겠습니다.

여러 복잡한 변수를 고려하더라도, 한국에서는 70명, 미국에서는 50명 정도의 교인이 모이는 교회를 5년 안에 세울 수 있다면, 당신은 굳이 청빙을 알아보지 않아도 될 이유를 스스로 발견하시게 될 것입니다.

물론 "난 무조건 큰 교회가 좋아요!" 하시는 분들에게는 이 말이 통하지 않을 수도 있습니다. 하지만 현실적이고 목회적인 관점에서, 한국 70명, 미국 50명 정도면, 웃으면서 행복하게 걱정 없이 목회할 수 있는 수준입니다.

당연히 재정도 자립될 수 있습니다. 한국 70명, 미국 50명 정도면 부교역자도 뽑을 수 있습니다. 그리고 이 정도의 교회를 이뤄내신다면, 오히려 당신에게 청빙 제안이 줄을 설 수도 있습니다. 합병하자며 다가오는 20~30명 교회들도 생길 수 있습니다. 그때는 오히려 '고를 수 있는 입장'이 되는 것입니다.

그런데 이렇게 말하면 대부분 이런 반응을 보이십니다.
"5년 안에 미국에서 50명은 너무 어렵지 않나요?"

네, 맞습니다. 어렵습니다. 이 말은 이 일이 정말 어려운 일이라는 걸 아는 사람들만 할 수 있는 반응입니다. 저는 정말 50명 모으는 게, 세상 어떤 것보다 힘들고 어려운 일이라는 걸 누구보다 잘 압니다.

그렇지만 톡 까놓고 말해서, 어렵고 안 어렵고를 떠나서 그 정도도 못 모을 생각이라면 목회를 하지 말아야 되는 거 아닙니까?

물론 안 될 수 있습니다. 솔직히 말해서, 50명은커녕 5명도 어려울 수 있습니다. 왜냐하면 사람은 우리가 데려오는 게 아니라, 하나님이 보내주셔야 하기 때문입니다.

그럼에도 우리의 마음가짐은 달라야 합니다. 하나님께서 목사로 부르셨고, 신학교를 가게 하셨고, 안수까지 주셨다면. 주님 부르시는 그날까지, 나를 통해 50명, 아니 500명, 아니 5,000명도 더 전도하겠다는 각오가 있어야 되는 거 아닙니까? 그게 맞지 않습니까? 자신감을 가지셔야 합니다.

정리

미국의 한 개척 목회자는 개척한 지 2주 만에 청빙을 받아서 다른 교회로 갔습니다. 패스트트랙도 이렇게 빠르진 않을 겁니다. 2주는 정말 말도 안 되는 시간 아닙니까? 우리가 주님의 뜻을 다 알 수는 없지만, 그 모습이 그렇게 좋아 보이지만은 않습니다.

개척을 하셨다면, 눈을 감고, 귀를 닫고, 사역에만 집중하십시오. 다른 교회 기웃거리지 마십시오. 다른 교회 이야기 들을 필요도 없습니다. 대부분은 자기들끼리 좋은 얘기만 돌려 말하는 것뿐입니다.

교회는 다 똑같습니다. 그렇기에 만약 개척을 시작하셨다면 적어도 5년은 후회 없이, 죽기 살기로 사역에 집중하시기 바랍니다. 잘될 것입니다. 그러고도 안 된다면, 그때는 다른 길을 찾아보셔도 괜찮습니다.

실천 질문

1. 당신이 앞으로 5년간 개척교회에 전념하며 가장 열정적으로 펼치고 싶은 사역 분야는 무엇입니까? 그 사역을 어떻게 실행할 것인지, 구체적인 계획을 1~2가지 적어보십시오.

2. 한국 기준 70명, 미국 기준 50명의 성도를 전도하고 정착시키기 위해, 당신이 실천할 수 있는 가장 현실적이고 효과적인 방법은 무엇입니까? 예배, 소그룹, 전도, 돌봄 등 구체적인 영역으로 나누어 생각해 보십시오.

9장

가족을 챙겨라

가끔 목회자 자녀들의 고백을 듣게 됩니다. 그 말들 속엔 시간이 흘러도 사라지지 않는 상처들이 담겨 있습니다.

"나는 아빠랑 놀이공원 한 번 못 가봤어요."

"장로님 아들이랑 싸웠는데, 나만 혼났어요."

"아빠가 개척교회 목사라 돈이 없어서, 운동화 한 켤레도 제대로 못 신었어요."

"항상 양보해야 했고, 참고 또 참아야 했어요."

이런 이야기들입니다.

물론 이런 일이 전혀 없었다면 가장 좋았겠지만, 사실 따지고 보면 이 정도의 상처는 누구나 겪을 수 있는 것들일지도 모릅니다.

꼭 목회자 가정이 아니어도, 일반적인 가정 중에서 더 어려운 환경에서 자란 아이들, 더 심한 상처를 겪은 가정도 많습니다.

하지만 목회자 자녀들이 특별히 이런 경험들을 '오래도록 가슴에 품고' 살아가는 이유는, 단순한 사건 때문이라기보다는, 그때 다치고 상한 감정이 이후에도 여전히 회복되지 못했기 때문입니다.

상한 감정의 회복은 결국 부모의 시간과 관심, 함께 하는 대화와 품어주는 사랑을 통해 치유가 됩니다.

그러나 대부분의 목회자들은 너무 바쁩니다. 늘 교회 일을 먼저 챙겨야 했고, 사람들을 만나야 했고, 사역의 일정으로 가정의 시간은 항상 뒷전이었습니다. 그러다 보니 자녀들과 감정을 나누는 시간, 아이의 내면을 살피는 시간은 늘 부족할 수밖에 없습니다.

그 결과, 자녀들은 자신이 겪은 아픔을 말하지 못한 채, "나는 상처받은 아이였다"고 기억합니다. 그리고 그 기억은 시간이 지나도 사라지지 않고, 어느 순간 불쑥, 어른이 된 이후에도 고백처럼 터져 나옵니다.

객관적으로 봐도, "이건 정말 힘든 일이야"라고 말할 수 있는 사건들이 목회자 가정에 일어날 수 있습니다. 하지만 그런 일이라도, 가족이 함께 앉아 서로를 위로하고, 힘을 내자고 다짐하며, 함께 기도하고, 눈물을 나눌 수만 있었다면 그 사건은 더 이상 상처가 아니라 회복의 추억이 되었을지도 모릅니다.

그러나 대부분의 목회자는 그런 시간을 내줄 수 없습니다. 그리고 그 시간 없음이, 때로는 돈이 없는 것보다 더 큰 불행이 되기도 합니다.

주님은 목사를 부르셨지, 자녀를 부르신 건 아닙니다

주님은 목사를 부르십니다. 사모님들에겐 조금 억울한 이야기일 수 있지만, 넓은 의미에서 보면 사모 역시 함께 부르신다고 저는 믿습니다.

하지만 자녀들까지 주님이 직접 부르셨는가?

이건 솔직히 잘 모르겠습니다.

자녀들은 그들 자신의 인생을 살아가야 할 존재들입니다. 그들이 목회자의 자녀라는 이유로 특별한 대우를 받을 필요도 없지만, 반대로 그 이유 때문에 불이익과 상처를 받게 해서는 안 됩니다.

그렇기 때문에, 목회자 부부는 자녀들에게 더욱 의도적으로, 적극적으로 관심을 기울여야 합니다. 그들의 감정에 따뜻하고 좋은 기억을 남겨주어야 합니다.

개척교회를 섬기느라 바쁘신 분들 많으실 겁니다. 시간도 부족하고, 사람도 부족하고, 재정도 빠듯한 상황을 정말 이해합니다.

하지만 감히 말씀드리고 싶습니다. 사역을 하는데 너무 힘을 빼지 마십시오. 개척을 하셨다면, 다른 무엇보다 가족과 자녀들과 보내는 시간은 반드시 확보하셔야 합니다.

기성교회에 계신 많은 목회자들은 교회에 얽매여 해외여행 한 번 가지 못하고, 놀이공원 한 번 가보지 못하고 사는 분들이 많습니다.

그런데 개척교회는 어떻습니까? 힘든 만큼, 자유가 있습니다. 저는 오히려 개척하신 목사님들께 권하고 싶습니다.

시간이 나면 가족과 여행도 가시고, 놀이공원도 다녀오시고, 맛있는 것도 많이 드십시오. 자녀들과 많이 놀아주십시오. 아이들이 '우리 아빠가 목사인 걸 잊을 정도로' 과하게 챙겨주서도 괜찮습니다.

너희 아빠 뭐 하시니?

제 아이들이 학교에 다녀와서 자기 반에서 부모님의 직업을 소개하는 시간이 있었다며 얘기해준 적이 있습니다.

그런데 아빠 직업을 "없다"고 했다는 겁니다.

제가 물었습니다.
"야, 아빠 목사잖아. 목사라고 당당히 말해야지. 왜 아빠를 백수로 만들었어?"
그랬더니 아이가 이렇게 대답했습니다.
"목사는 직업 아니에요. 그냥 교회 가는 거잖아요. 다들 교회 가니까 아빠도 가는 거고. 그게 왜 직업이에요?"
순간 황당하기도 했지만, 속으로는 웃음이 났습니다.
"아, 이 녀석들… 정말 자유롭구나."

팬데믹 기간엔 더 재밌는 일들이 많았습니다. 온라인 예배 덕분에 굳이 교회 건물에 가지 않아도 되었기 때문이죠. 주일 아침, 온라인으로 예배를 드린 후 우리는 곧장 바깥으로 나갔습니다. 공원에도 가고, 맛집도 가고, 온 가족이 함께 시간을 보냈습니다.

물론 교회 가는 것보다 더 힘들었습니다. 아이 셋 데리고 하루 종일 밖을 돌아다니는 게 예배 인도보다 몇 배는 더 힘든 일이더군요.

그럼에도 지금 돌아보면, 그 시간은 정말 감사한 순간들이었습니다. 그 시간들이 우리 아이들 마음속에 '목회자의 자녀'라는 부담이 아닌, '아빠와 함께한 따뜻한 기억'으로 남기를 소망합니다.

원 플러스 원(1+1)의 함정

목회자들이 교회를 선택할 때 고려하는 기준 중 하나가 있습니다.
그것은 사모님에게 얼마나 많은 역할을 요구하느냐입니다.

흔히들 '원 플러스 원'이라고 부릅니다. 목사 한 분을 모셔오면서, 사모에게는 교육, 행정, 봉사 등 다양한 일을 맡기면서도 사례비는 한 사람 분만 주는 교회들 말입니다.

요즘 부목사님들은 이런 조건의 교회는 아예 가지 않습니다.
"1+1은 싫다. 두 사람 몫의 사례비를 달라."
"사모는 사모일 뿐, 사역자가 아니다"라는 입장을 분명히 합니다.
이제는 사모의 권리를 지켜주는 교회, 사모에게 자유를 주는 교회가 바람직한 교회로 여겨집니다.

저는 개인적으로 가장 효과적인 방향은 사모님께서 직업을 가지시는 것이라 생각합니다. 교회 안 나올 수 있는 핑계 중에 제일 좋지 않습니까? 또 생계를 위해서든, 자아실현을 위해서든 직업을 가지셔야 합니다.

저 역시 사모에게 직장 생활을 권했습니다. 일이 바로 구해지지 않으면, 공부를 하든, 자격증을 따든, 시험을 보든 직업을 가질 수 있는 준비를 해보자고 제안했습니다. 심지어는 "나 죽으면, 누가 애들 먹여 살릴 건데?"라고 극단적으로 설득하기도 했습니다. 하지만 저는 이게 정말 현실적인 질문이라고 생각합니다.

실제로 제가 아는 한 교회에 담임목사님이 젊은 나이에 갑자기 세상을 떠난 일이 있었습니다. 사모님은 당시 50대 중반이셨고, 평생을 교회 안에서 남편을 돕는 일에만 전념하셨기에 사회적인 수입 활동은 한 번도 해보신 적이 없었습니다.

남편이 돌아가신 후, 그 교회는 큰 고민에 빠졌습니다. 결국 새로운 담임목사님을 청빙하고, 기존의 사모님은 교회 스태프로 채용되어 월급을 받는 구조로 자리를 옮기게 되었습니다. 어제까지는 남편의 공간이었던 담임목사실에, 이제는 직원으로 출입하게 된 것입니다. 사모님의 잘못도, 교회의 잘못도 아니었습니다. 그 외에는 생계를 유지할 방법이 없었기 때문입니다.

목사가 정말 사모를 사랑한다면, 그녀가 세상 속에서 자신의 기량을 펼칠 수 있도록 도와야 합니다. 단지 '사모'라는 이유로 무조건 교회를 섬겨야 한다고 요구하는 것은, 이제는 너무도 낡고 구시대적인 사고방식입니다.

정리

목회라는 길은 전력투구를 해도 잘될지 안 될지 모르는 길입니다. 그리고 그 전력투구의 가장 큰 대가는 가정이 박살나는 것일 수 있습니다.

가정의 화목에는 타이밍이 중요합니다. 자녀에게는 부모의 손이 꼭 필요한 시기가 있습니다. 대부분 어린 시절이 그렇습니다.
하지만 그 시기에 젊은 부모는 대부분 자신의 사역에 잠식되어 아이들을 외면하게 됩니다. 그렇게 감정의 회복 없이 자란 아이들은 청소년기를 지나고, 청년기를 지나며 부모와 점점 멀어지고, 목회가 아무리 크고 화려해져도 목사로서 매일같이 '불행'을 느끼게 되는 아이러니에 빠질 수 있습니다.

사모도 마찬가지입니다. 평생 남편의 목회만 돕다가 사회적 기회를 놓쳐버리면, 뒤늦게 더 큰 위기에 부딪히는 경우가 많습니다.
교회도 중요하지만, 가족도 반드시 챙기셔야 합니다. 그 두 영역 모두를 지켜야 목회의 기쁨도, 인생의 감사도 끝까지 함께할 수 있습니다.

실천 질문

1. 바쁜 목회와 사역 속에서, 당신은 지금 가족을 잘 돌보고 계십니까? 자녀들과 함께 시간을 보내기 위해 당신은 어떤 실천을 할 수 있을까요?

2. 사모님께서 혹시 '원 플러스 원'의 사역을 하고 계시진 않습니까? 만약 그렇다면, 이제는 사모님이 사회 속에서 자신만의 사명을 펼칠 수 있도록 어떤 지원과 변화가 필요할까요?

10장

축복을 기대하라

로스앤젤레스에서 목회를 하다 보면 정말 많은 목회자들과 선교사님들을 만나게 됩니다. 놀라운 건, 한국에서 10년을 살아도 한 번도 뵙지 못했던 분들을 이곳 LA에서 우연히 마주치게 되는 일이 종종 있다는 사실입니다.

그만큼 한인 교회가 많고, 또 컨퍼런스, 세미나, 선교 집회 같은 행사들이 활발하게 열리는 이민 교회 특성상 수많은 사역자들이 이 도시를 스쳐 지나가기 때문일 것입니다.

특히 선교사님들과 교제하다 보면, 그들의 사역 못지않게 감동적인 '감사 제목' 하나를 자주 듣게 됩니다. 바로 자녀들이 잘 자라고, 엄청난 성과를 나타낸다는 이야기입니다.

선교사님들의 자녀들이 미국의 명문대에 합격했다는 소식을 자주 듣습니다. 심지어는 경쟁이 치열하기로 유명한 대학에도 에세이 하나, 봉사 이력 하나로 척척 합격하는 모습을 보면 목회자인 제 입장에서는 참 부럽기도 하고, 신기하기도 합니다.

물론 이 결과는 미국 대학이 선호하는 스토리텔링, 공동체 기여도, 다문화 감수성 등과 같은 입시 제도의 특성과도 관련이 있고, 거기에 유리한 부분이 작용할 수 있습니다. 하지만 저는 거기에 더해 그들의 삶의 여정 속에 함께하셨던 하나님의 특별한 은혜가 있다고 믿습니다.

그렇다면, 개척교회 목회자들에겐 그런 축복이 없을까요? 글쎄요, 잘 모르겠습니다.

힘들게 헌신하고, 고생도 비슷하게 하고, 심지어 더 외롭고, 더 가난하고, 더 불안정한 조건 속에서 사역을 감당하고 있지만, 우리 자녀들에게도 그만한 은혜가 있을지에 대해서는 잘 모르겠습니다. 하나님의 계획은 너무 크고 깊어서, 제가 그 뜻을 미리 단정 지을 수는 없기 때문입니다.

그러나 개척교회를 하면서 자동적으로 경험하게 되는 축복은 분명히 존재합니다.

그 내용을 설명해 드리겠습니다.

#마르다가 아닌 마리아가 됩니다

누가복음 10장에는 잘 알려진 마르다와 마리아의 이야기가 나옵니다. 예수님께서 마르다의 집에 머무실 때, 마르다는 분주히 손님을 대접하는 일로 바빴고, 마리아는 그 발치에 앉아 말씀을 듣고 있었습니다.

그 장면에서 우리는 분명히 알 수 있습니다. 예수님은 마르다의 섬김보다 마리아의 태도를 더 귀하게 여기신다는 것입니다.

저는 한국에서 서울 왕성교회에서 8년간, 미국 세리토스 선교교회에서 3년간 사역했습니다. 제도권 안에서 성실하게, 또 열심히 목회했습니다.

하지만 지금 돌이켜보면, 저는 철저히 마르다의 삶을 살고 있었습니다. 사역 중심, 일 중심, 성과 중심의 삶이었습니다. 늘 분주했고, 늘 복잡했습니다.

마르다가 틀린 건 아닙니다. 그녀는 헌신적인 사람이었고, 실천적인 사람이었습니다. 하지만 예수님은 마르다의 헌신보다 마리아의 선택을 옳다 하셨습니다. 그 말씀 앞에 우리는 고민하게 됩니다.

'지금 나는 누구처럼 사역하고 있는가? 마르다인가, 마리아인가?'

개척을 시작하면서도 처음에는 마르다의 마음으로 교회를 섬겼습니다. 무언가를 자꾸 해야만 할 것 같았고, 모임과 프로그램, 계획과 목표를 세우는 데 몰두했습니다.

하지만 시간이 지나면서 깨달았습니다. 이 사역이 하나님께 집중되는 것이 아니라, 내 성취욕과 불안함에 의해 움직이고 있다는 사실을요.

그래서 저는 마르다의 길에서 내려왔습니다. 이제는 마리아처럼 사역하려 합니다. 굳이 교회를 바쁘게 만들지 않습니다. 숫자적 목표를 앞세우지도 않습니다. 그저 우리 안에 계신 하나님을 온전히 예배하는 것에 집중합니다. 주님의 임재를 누리는 하루하루가 가장 소중한 사역임을 고백하게 되었습니다.

우리 교회는 지금도 작은 개척교회의 수준을 벗어나지 못하고 있습니다. 구역 모임도 없습니다. 셀 모임도 없습니다. 성경대학, 공동체 성경 읽기, 신학 세미나, 트레스디아스, 인카운터, 전도회, 선교회 등 그 흔한 프로그램 하나 없습니다.

하지만 우리는 안식이 있습니다. 평안이 있습니다. 샬롬이 있습니다. 매일 주님과 동행하는 시간이 선물처럼 이어지고 있습니다. 사역으로 분주한 것이 아니라, 하나님과 함께 머무는 삶의 기쁨을 누리고 있습니다.

저는 이것이 개척교회를 통해 누릴 수 있는 가장 큰 축복이라고 믿습니다.

자기 발전이 됩니다

개척교회 목사에게는 세 가지의 신분이 주어집니다.

첫째는, 개척교회의 담임목사이며, 둘째는 한 집안의 가장이며, 셋째는 일터 사역자입니다.
여기서 독특한 신분은 일터 사역자라고 할 수 있습니다.

이러한 개척교회 담임목사는 매우 바쁜 삶을 살게 될 것입니다. 목양도 하고, 가정도 돌보고, 일도 하게 될 것입니다. 또 어떤 일을 하느냐에 따라서 공부를 더 해야 될 수도 있고, 자격증을 취득해야 될 수도 있습니다.
하지만 그 과정에서 세상에서 먹고살 수 있는 방식을 취득하게 되며, 이것은 자기 발전으로 이어진다고 할 수 있겠습니다.

교회 안에서 목회만 전념하는 목회자는 교회를 벗어났을 때, 그의 인생이 무너지는 것 같은 느낌을 갖게 됩니다. 두려움이 몰려와서 미래를 향해 한 발자국도 쉽게 발을 뗄 수가 없습니다.
일부에서는 목회자는 교회 안에서, 교회만 바라보며 살아야 한다고 주장하기도 하지만, 요즘 같은 시대에는 결코 현명한 모습이라 볼 수 없습니다.

최근에 교회마다 재신임 제도가 유행입니다. 5년 재신임, 6년 재신임을 진행하여 표를 얻지 못해서 사임하는 목회자가 늘어나고 있습니다.
보통 담임으로 20년을 목양하면 원로 목사라는 자격이 달성이 되는데, 이를 제어하기 위해 19년째 교회에서 권고 사직당하는 목회자들도 심심치 않게 보입니다.

이러한 배경에서 목회자에게 교회에만 전념할 것을 가르치는 것은 매우 무책임한 강요라 할 수 있습니다. 그럼에도 불구하고 사실 기성 교회에서 전임으로 사역하면, 결국 그렇게 될 수밖에 없는 흐름에서 빠져나올 수가 없습니다.

반면에 개척교회 목사는 어떻습니까? 일터 사역을 통해서 사회를 배우고, 기술을 배우고, 경제를 배우고, 먹고사는 방법을 체득하게 됩니다.
마치 사도 바울이 텐트 메이커로 살면서, 경제적 문제에 메이지 않고 복음을 과감히 전할 수 있었던 것과 같은 신분으로 활동할 수 있는 장점이 있는 것입니다.
저는 이것이 개척교회를 시작하는 목회자들이 누릴 수 있는, 자기 발전이라는 축복이라고 생각합니다.

#정리

이러한 은혜를 경험해 보신 적이 있습니까? 단기 선교를 떠나 누리게 되는 특별한 은혜 말입니다. 일상에서는 누리기 어려운 은혜를 단기 선교에서 누리는 이유는, 우리가 '떠났기' 때문입니다. '갔기' 때문입니다.
마찬가지입니다. 주님의 사명을 가지고 개척의 길로 나아갈 때, 그 광야에서 하나님께서는 다양한 은혜를 누리게 하십니다.

결론적으로 하나님의 뜻은 우리가 좁은 길을 가는 것입니다. 그리고 그 뜻 가운데 선하신 주님께서 우리에게 은혜와 축복을 허락하십니다. 앞서 말한 두 가지 축복은 자동적으로 얻게 됩니다. 분명 그 이상을 얻을 것입니다.

이왕 힘든 길을 가는 것이라면, 기대와 소망으로 가면 좋지 않겠습니까?

실천 질문

1. 개척교회를 시작하면서 가장 걱정이 되는 것은 무엇입니까? 그 걱정이 오직 당신만 겪는 특별한 문제라고 생각되십니까? 아니면, 앞서 이 길을 걸었던 모든 개척교회 목회자들이 이미 겪고, 또 이겨낸 걱정이라고 여겨지십니까? 그렇다면 분명 그 해결책도 존재하지 않겠습니까?

2. 세상에서 믿을 사람은 누구입니까? 믿을 사람은 아무도 없습니다. 그나마 가장 믿을 만한 사람은 나 자신입니다. 개척은 나 자신을 훈련하고, 발전시켜 나가는 통로가 됩니다. 이에 대해 당신은 어떻게 생각하십니까?

결론
개척 — 하나님 나라의 무기가 되어야 한다

　미국에 처음 왔을 때, 저는 주로 스타벅스를 다녔습니다. 익숙했고, 안전했기 때문입니다. 그런데 시간이 지나면서 스타벅스의 맛이 점점 질리기 시작했습니다.
　그때부터 작은 커피숍을 찾아보기 시작했습니다. 그 과정에서 처음으로 '커피에도 레시피가 있구나' 하는 생각을 하게 되었습니다. 가게마다, 바리스타마다 커피 맛이 달랐고, 그 차이를 느끼면서 커피에 대한 저의 취향과 커피 세계가 넓어지기 시작했습니다.

　그 이후로 저는 의도적으로 작은 커피숍을 찾아다니기 시작했습니다. 아주 맛있고, 분위기까지 좋은 곳을 발견하면 오히려 다른 이들에게 알리지 않고 혼자 간직하고 싶은 마음이 들 정도였습니다. 그렇게 커피 한 잔이 제 인생을 더 풍성하게 해주고 있었습니다.

　교회도 마찬가지라고 생각합니다. 스타벅스처럼 크고 체계적인 교회들이 반드시 필요합니다. 그러나 큰 교회만 존재한다면, 하나님 나라의 다양성과 생명력은 위축될 것입니다.
　작은 교회가 반드시 필요합니다. 그것도 흔한 작은 교회가 아니라, 특색 있고, 매력 있고, 새로운 시도를 두려워하지 않는 교회들이 많아져야 합니다. 그래야 하나님의 나라는 더 풍성해지고, 더 따뜻해지며, 더 살아 있게 될 것입니다.

저는 보수적인 목사입니다. 그러나 동시에 새로운 변화를 사랑합니다. 그래서 교회 이름도 "New Church"라고 지었습니다.

문화는 새롭게 변혁되어야 합니다. 하지만 그 새로운 변혁은 '선을 지키는 수준' 안에서 이루어져야 합니다. 복음은 본질을 지키되, 표현 방식은 다양해질 수 있어야 합니다.

이 책에서 말씀드린 원리들은 모두 그런 바람 속에서 쓰였습니다. 신선하지만 본질을 잃지 않는 교회, 작지만 힘 있는 교회, 마치 스타벅스에 질린 영혼들이 찾아올 수 있는 작은 커피숍 같은 교회. 그런 교회들이 팝업처럼 무수히 많이 세워지기를 기대합니다.

그리고 그 시작이 바로 '개척'이었으면 좋겠습니다. 개척은 이제 더 이상 두려움의 단어가 아니라, 하나님 나라의 '무기'가 되어야 합니다.

샐러드 목회

미국은 이민자들에 의해 세워진 나라입니다. 여기에 대해서는 이견이 없습니다. 과거에는 '멜팅팟 이론(Melting Pot Theory)'이 널리 소개되었습니다. 다양한 인종과 문화가 하나의 커다란 용광로에서 녹아 하나의 문화로 통합된다는 개념이었습니다.

하지만 이제는 '샐러드 이론'이 주류를 이룹니다.

샐러드는 각 재료가 제 맛을 유지하면서도 함께 조화를 이루는 음식입니다. 각각의 색과 질감, 향과 식감이 어우러져 하나의 풍성한 맛을 만들어내죠.

이처럼 현대 미국 사회는 다양성을 인정하며, 각각의 문화가 고유성을 유지한 채 아름다운 공존을 추구하고 있습니다.

그렇다면, 목회는 어떠해야 할까요?
멜팅팟처럼 모든 색깔과 방향을 하나로 모아야 할까요?
아니면 샐러드처럼 각자의 고유한 사명과 개성을 살려야 할까요?

저는 주저 없이 '샐러드 목회'를 지향한다고 말씀드리고 싶습니다.

오늘날 하나님 나라는 똑같은 방식, 똑같은 구조, 똑같은 분위기의 교회들로는 결코 풍성해질 수 없습니다. 각기 다른 문화, 다른 배경, 다른 부르심을 지닌 사람들이 다양한 교회를 세워나가야 합니다. 그래야 진짜 하나님 나라의 다양성과 아름다움이 드러날 수 있습니다.

이런 다양성은 제도권 교회 안에서는 실현되기 어렵습니다. 구조적으로 고정되어 있기 때문입니다. 그래서 필요한 것은 '개척'입니다.

자신의 색깔을 가진 목회자들이, 각자의 방식대로 시도하고 도전하는 새로운 교회. 그 시작이 바로 개척입니다.

하나님은 여전히 새로운 창조를 기뻐하시는 분이십니다. 오늘도 하나님은 새로운 시대를 향한 새로운 교회를 세우길 원하십니다.

그 부르심 앞에 설 당신을 저는 진심으로 응원합니다. 그리고 이 책이, 목회의 길 위에서 갈피를 못 잡을 때, 슬쩍 펼쳐보며 위로와 용기를 얻을 수 있는 작은 동반자가 되었으면 합니다.

마지막으로, 저는 확신합니다. 진정한 대안은 '작은 교회' 안에 있습니다. 작은 교회는 더 많아져야 하고, 더 다양해져야 하며, 그 안으로 더 많은 사람들이 흘러들어가야 합니다.

샛강이 살아야 한강이 삽니다. 작은 교회가 살아야 큰 교회도 삽니다. 작은 교회가 문을 닫는다는 것은, 단순히 건물 하나가 사라지는 것이 아니라, 복음의 흐름에 비상등이 켜진다는 신호입니다.

그러니, 강하고 특색 있는 작은 교회들이 한국과 미국 전역에 무수히 생겨나기를 간절히 기도합니다. 그리고 그 시작이 바로 당신의 개척에서 시작되기를 소망합니다.